E D M U N D   W E B E R

KLEINE RUNENKUNDE

Schütz-Verlag Coburg, Postfach 1433, 96404 Coburg

Die zum Teil geminderte Druckqualität ist auf den
Erhaltungszustand der Originalvorlage zurückzuführen

Postfach 1433, 96404 Coburg
ISBN 3-87725-121-5

Reprint der Originalausgabe von 1941
nach dem Exemplar des Verlagsarchives

Meiner Frau gewidmet

INHALT

Vorwort zur neuen Ausgabe

Es ist verdienstvoll, daß diese Schrift von Weber wieder aufgelegt wurde. Sie war eine der ersten allgemeinverständlichen Schriften, die sich frei gemacht haben von den Runendeutungen durch Guido von List, Lanz von Liebenfels, Gorsleben, Kummer u.a., die meinten, daß die 18 Strophen des „Runenliedes Odins" mit 18 Runen gleichgesetzt werden müßten, woraus sich dann die Deutung der Runen ergäbe. Guido von List hatte 1908 in seinem Buch „Geheimnis der Runen" die 16 Runen des jüngeren Futhark genommen, fügte 2 Runen hinzu, und kam dann zu einem 18er Futhark. Tatsächlich bedeutet „Rune" in dem Runenlied Odins der Edda aber soviel wie „Zauberspruch" und deutet auf vergleichbare Zaubersprüche wie etwa die Merseburger Zaubersprüche hin. Deswegen hat dieses Lied mit Runen als Schriftzeichen überhaupt nichts zu tun. Dadurch sind aber Generationen von Runenforscher auf den falschen Weg geschickt worden. Es ist Webers Verdienst, dem nicht gefolgt zu sein, sondern von dem älteren 24er Futhark ausgegangen zu sein.
Seine Schrift markiert einen erheblichen Schritt nach vorne in der Forschung; es ist deshalb nur weniges, was nachfolgend aufgrund neuer Erkenntnisse korrigiert werden muß. In Abbildung 2 bringt Weber die gemeingermanische Runenreihe. Er läßt sie mit der D-Rune enden. So ist das Futhark auf 2 Brakteaten (von Vadstena und Grumpan) um 450 dargestellt. Das älteste überlieferte Futhark ist aber vom Kylverstein (circa 400). Dort ist die Dag-Rune die vorletzte, die Odal-Rune die letzte. Diese Lesart ist vorzuziehen, da „fehu" beweglicher Besitz ist, „odal" Erbbesitz, und damit die letzte und die erste Rune miteinander korrespondieren.
Bei der Z-Rune handelt es sich um einen Schlußkonsonanten. Die häufigste Schreibweise dieser Rune ist ᛉ die zweithäufigste ᛦ, und gelegentlich kommt auch die Schreibweise vor, die Weber übernommen hat.
Zur Seite 44 ist anzumerken, daß ein Teil der Weser-Ritzungen echt ist, ein anderer Teil durch den Finder der ersten Knochen gefälscht

und „nachgeschoben“ wurde. Es hat die auflichtmakroskopische Untersuchung aber festgestellt, daß alle die Knochen, die Runen tragen, Originale sind (Inventar-Nummer 4988, 4990, 4991, 4987 des Museums Oldenburg). Bei der Abbildung 24 handelt es sich mithin um ein Original. Auf demselben Knochen wie die auf Seite 45 benannte Inschrift steht noch „Hagal“ = Verderben, das „ye“ wird als „weh“ heute gedeutet und der Anfang dürfte sein: „lassen (wir) Heer“. Vermutlich handelt es sich um einen Vernichtungszauber gegen einen Feind, der durch die Schiffsdarstellung auf Inventar-Nummer 4990 als römisch gekennzeichnet wird. Die Runen dürften mithin entgegen heute üblicher Datierung, da im 4.-6. Jhd. keine römische Gefahr für die Germanen mehr gegeben war, deutlich vor dem 4. Jhd. geschaffen sein.
Soweit auf Seite 55 steht, daß im jüngeren Futhark mit Hagal Odin gemeint sei, ist diese Deutung wohl nicht richtig. Odin wurde durch die Rune Ans = Ase = Rune für den Hauptgott der Asen dargestellt. Bei den Runennamen Seite 59/60 werden die aus den Runengedichten erschlossenen Namen mit ihrem esoterischen Sinn in Klammern gebracht. Diese Klammerdeutungen sind teilweise nicht gesichert. Soweit die Sonne als „siegende Kraft“ gedeutet wird, ist ein Einfluß der älteren Runendeutung zu sehen, die die S-Rune als „Sieg“-Rune gedeutet hat; die Siegrune war aber die nachfolgende T-Rune, weil Tyr = ziu = Zeus der in alter Zeit bedeutendste Himmels- und Kriegsgott war; die T-Rune wurde auf Waffen zum Sieg eingeritzt. Bei „Ing“ hätte hinzugefügt werden müssen, daß dies der Hauptgott der Ingväonen ist, und er üblicherweise mit Frey gleichgesetzt wird. Die B-Rune ist esoterisch als Frauenrune zu sehen, die Eiben-Rune ist Symbol für den Weltenbaum, die natürliche Ordnung. Zur esoterischen Deutung ließe sich hier noch manches andere sagen; das geht aber aus Platzgründen nicht. Weber trifft den Sinn jedenfalls meist.
Vorstehende Anmerkungen zeigen, daß die Arbeit auch heute nicht veraltet ist. In vielen Dingen – beispielsweise dem Alter der Runen – ist die Forschung auch heute noch nicht weiter als damals. Zu bewundern ist, in welcher Breite Weber seinen Stoff angegangen ist, und wie er umfassend unsere ursprüngliche Schrift und unsere ursprünglichen Heilszeichen, die unter Androhung der Todesstrafe durch das Christentum ausgerottet worden waren, uns wieder nahebringt.

Hamburg, im Ostermond 2000 Jürgen Rieger

ZU DEM WORT RUNE

Runen wirst du finden und rätliche Stäbe,
Sehr starke Stäbe, beständige Stäbe;
Sie färbte der Fürstredner
Und kerbten Kraftmächte
Und ritzte der Raterherr.

Odins Runenlied

Bei dem Zeitwort „raunen" weht selbst den nüchternen Menschen unseres technischen Zeitalters ein Hauch des Geheimnisvollen an. Das gleiche gilt von dem Wort „Runen", mit dem die altehrwürdigen Schriftzeichen unserer germanischen Ahnen bezeichnet werden. Im Volksempfinden sind diese Zeichen von etwas Besonderem, etwas Packendem umwittert. Schon im germanischen Altertum ist dem so gewesen. Denn das germanische Hauptwort „runa", mit dem „raunen" und „Rune" sprachgeschichtlich zusammenhängen, tritt uns in der im vierten Jahrhundert u. Zeitr. entstandenen gotischen Bibelübersetzung mit der Bedeutung „Geheimnis" entgegen. Es heißt da Markus 4, 11: „Euch ist gegeben, das Geheimnis *(runa)* des Reiches Gottes zu wissen." In *run* = „Heimlichkeit", „geheime Beratung" und in *run-wita* = „geheimer Berater" des altenglischen Beowulfliedes (um 700 u. Zeitr.), in *runa* = „vertraute" oder „geheime Besprechung" des altsächsischen Heliandliedes (um 830 u. Zeitr.) sowie im althochdeutschen *giruni* = „Geheimnis" liegt gleichfalls der Wortsinn von „Geheimnis" vor. In dem erhabenen Eddagedicht „Der Seherin Weissagung" heißt es: „[Die Asen denken da] alter Runen des

Raterfürsten (Fimbultýs fornar rúnar)", wo mit rúnar die geheimnisvolle Weisheit Odins gemeint ist.

Daneben kommt aber gleichzeitig mit der gotischen Bibel eine zweite Bedeutung des Wortes *runa* im Norden vor. Auf dem in das vierte Jahrhundert u. Zeitr. angesetzten Stein von Einang in Norwegen stehen in Runen die Worte: „... dagastiz runo faihido." Die jüngste Deutung von 1938 lautet: „[Ich Gu]-dagastis die Runen färbte." Hier bedeutet „rúno" offensichtlich „Schriftzeichen". Im Frankenreich der Merwinge mahnte in der zweiten Hälfte des sechsten Jahrhunderts der Bischof von Poitiers Venantius Fortunatus scherzhaft einen schreibsäumigen Freund mit dem lateinischen Distichon:

Barbara fraxineis pingatur runa tabellis
Quodque papyrus agit, virgula plana valet.

In freier Übersetzung sei dieser Zweizeiler so wiedergegeben:

Male getrost die fränkischen Runen auf eschene Brettchen!
Fehlt es dir grad an Papier, dient der gehobelte Stab.

Auch hier bezeichnet das Wort *runa* unverkennbar die germanischen Schriftzeichen.

Sachlich bestätigt wird der Gebrauch der Runen als Buchstaben in der Rheingegend zur Zeit des lateinisch dichtenden Bischofs durch eine silberne Spange, die 1873 aus einem Frauengrabe in Freilaubersheim bei Kreuznach gehoben worden ist, wohl aus dem sechsten Jahrhundert stammt und sich jetzt im Zentralmuseum zu Mainz befindet. Auf der Rückseite ihrer Platte steht eine zweizeilige Inschrift. Die obere Zeile wird gelesen: „Boso wraet[1] runa" und gedeutet: „Boso riß die Rune." Die Einzahl Rune ist dabei auf die gesamte Inschrift zu beziehen.

---

[1] Sprich: wrait. Vergleiche Caesar-Kaiser.

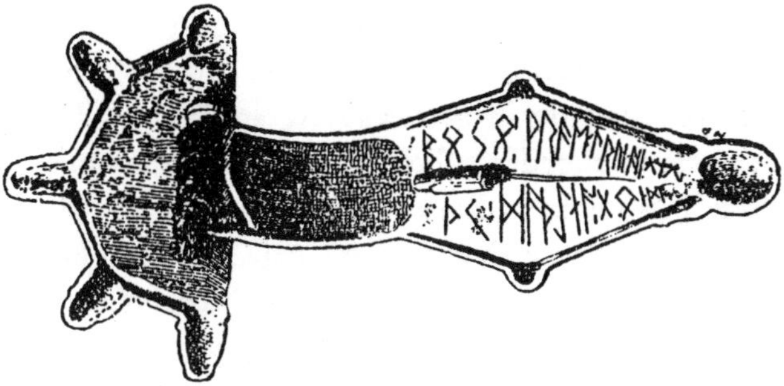

Abb. 1. Spange von Freilaubersheim

Nach der herrschenden wissenschaftlichen Auffassung ist der Sinn „Schriftzeichen" aus der Bedeutung „Geheimnis" erwachsen. Man sah und sieht dann mit Müllenhoff in Rune „das geheimnisvolle, der Auslegung bedürftige Zeichen". Es wird angenommen, daß der Bedeutungswandel über die Zeichen gegangen ist, die die Germanen laut der Germania 10 des Tacitus beim Loswurf benutzten. Da der Anlaut dieser Loszeichen zur Findung eines Stabreimspruches diente, konnten die Zeichen selbst sich zu Lautzeichen entwickeln und zu Mitteilungen benutzt werden. Daß die Entstehung der Runenschrift diesen Weg gegangen sein mag, meinen Runenforscher der jüngsten Zeit auch aus dem Umstand folgern zu können, daß das altirische Wort „rún" nur den Sinn von „Geheimnis" aufweist. Vom sprachgeschichtlichen Standpunkt aus bleibt immerhin zu erwägen, ob nicht das gotische *runa* = Geheimnis und das nordische *runo* = Buchstabe von zwei verschiedenen Wortstämmen hergekommen sein können. Das wäre denkbar[2].

---

[2] Mitteilung Prof. Dr. Arthur Hübners zu Berlin.

Aber es gibt noch eine andere Möglichkeit. Suchte man bisher im allgemeinen vom Begriff „Geheimnis“ über den Losspruch zu dem Begriff „Buchstabe“ zu gelangen, so könnte man auch umgekehrt vom Begriff des eingekerbten Zeichens über den Losspruch zum Begriff „Geheimnis“ kommen[3]. Schon im siebzehnten Jahrhundert hat der dänische Gelehrte Ole Worm das Wort Rune = „Schriftzeichen“ auf das nordische „ryn“ = „Furche, Runzel, Einschnitt“ zurückführen wollen. Ebenso hat der Begründer der deutschen wissenschaftlichen Runenforschung Wilhelm Carl Grimm 1821 erwogen, ob der ursprüngliche Sinn von Rune vielleicht der von „Einschnitt“ oder „Kerbe“ gewesen sein mag. Er verwies dabei auf das altgriechische Zeitwort für „schreiben“ *graphein*, dessen Ursinn „kerben“ war, wie es denn auch sprachgeschichtlich unserm deutschen „kerben“ entspricht. Nun gibt es in der Tat ein deutsches Zeitwort „runen“ im Ostfriesischen, das den Sinn von „schneiden“ hat. Es lebt heut auch noch im Lippischen[4]. Da ist es denn beachtlich, daß es im niederdeutschen Sprachgebiet und in Schwaben ein Wort „der Raun (Raune)“ gibt, das einen verschnittenen Hengst (Wallach) bezeichnet.

In seiner heutigen Lautform stellt das Wort Rune ein Lehnwort aus dem Nordischen dar. Es ist im siebzehnten Jahrhundert nach dem Aufkommen der Runengelehrsamkeit in Schweden und Dänemark in den deutschen wissenschaftlichen Sprachgebrauch übernommen worden. Wie die Hauptwörter „der Alraun“ und „die Alraune“ sowie das Zeitwort „raunen“ lehren, wäre die altdeutsche Form *runa* bei ungestörter Weiterentwickelung zu „Raune“ geworden. Daß es dazu nicht mehr

[3] Urteil Prof. Dr. Karl Helms zu Marburg a. L.
[4] Mitteilung Dr. A. Meier-Bökes zu Detmold.

gekommen ist, liegt an der oben erwähnten Austilgung des deutschen Runenwesens durch die mittelalterliche Kirche.

Wie der sprachlichen Erklärung des Wortes Rune eine gewisse Unsicherheit anhaftet, so ist es auch mit der Auffassung seines sachlichen Inhaltes bestellt. Die wissenschaftliche Runenforschung hat lange die Bezeichnung Runen ausschließlich auf die Schriftzeichen der Runendenkmäler bezogen und in ihnen nur Lautzeichen gesehen. Erst seit Beginn des zwanzigsten Jahrhunderts ist einigen Forschern der Blick dafür aufgegangen, daß neben den unzweifelhaften Buchstaben runengleiche Zeichen in großer Zahl auf altgermanischen Sachfunden wie Urnen und Waffen vorkommen, die nicht als Lautzeichen, aber auch nicht als einfache Zierzeichen, sondern — wie die Odalsrune — am überzeugendsten als Begriffszeichen aufzufassen sind. Die überwiegende Mehrheit der nordischen und deutschen Runenfachleute lehnt es einstweilen noch ab, diese Zeichen in die Behandlung der Schriftrunen miteinzubeziehen und sie als Runen anzuerkennen.

RÄUMLICHE UND ZEITLICHE VERBREITUNG DER RUNEN

Die Germanen haben keine gelehrten Abhandlungen über ihre Schrift hinterlassen. Was über die Runenschrift bisher ermittelt werden konnte, beruht in der Hauptsache auf der wissenschaftlichen Beschäftigung mit den Funden, die Runen tragen.

Das Verbreitungsgebiet der Runendenkmäler erstreckt sich ostwestlich von Wolhynien bis zur Irischen See und südnördlich von der Herzegowina bis Grönland.

Die Denkmäler umspannen einen Zeitraum von mindestens dreizehn Jahrhunderten.

Die Anzahl der Runenurkunden auf Sachfunden geht ins vierte Tausend und vermehrt sich erfreulicherweise noch durch neue Funde, die der gesteigerten Aufmerksamkeit auf das Runenwesen zu verdanken sind.

Sehr ungleich ist die Menge der Funde in den verschiedenen germanischen Siedlungsräumen. Aus dem festländischen Germanengebiet sind bisher über vierzig Funde zutage gekommen — bezeichnenderweise überwiegend aus Gräbern oder aus den künstlich aufgeschütteten Wohnhügeln an der Nordseeküste, die in Holland Terpen, an der „Waterkant" Warfen oder Wurten genannt werden. Nicht wenige Funde sind auch aus Mooren gehoben worden, auf die sie einst wohl als Weihegaben niedergelegt worden sind. An Funden in England werden ebenfalls über vierzig gezählt, auf der Insel Man in der

Irischen See siebenundzwanzig, in Norwegen etwa dreihundertundsechzig, im alten Dänemark ungefähr zweihundert, in Schweden dagegen über zweitausendfünfhundert — von anderen Fundgebieten zu schweigen.

Die ältesten Denkmäler des altdeutschen Fundgebietes sind lose Gegenstände wie Waffenteile, Schmucksachen, Geräte verschiedener Art, Schütznisse (Amulette) usw.; in ihm ist bisher kein einziger Runenstein gefunden worden. Dagegen bestehen die Runenzeugnisse des germanischen Nordgebietes zu einem großen Teile aus Runensteinen.

VOM FUTHARK

Die altgriechische Buchstabenfolge ist nach ihren ersten beiden Buchstaben das „Alphabet“ und die lateinische nach ihren drei ersten Zeichen das „Abc“ genannt worden. Diesem Verfahren gemäß ist der germanischen Buchstabenreihe nach ihren ersten sechs Zeichen die Bezeichnung „Futhark“ beigelegt worden; denn sie beginnt mit *f* — *u* — *t͡h* — *a* — *r* — *k*. Obwohl sie mit dem F anfängt und der Ausdruck „Alphabet“ also sachlich auf sie nicht paßt, wird er doch auch im wissenschaftlichen Sprachgebrauch gewohnheitsmäßig oft auf sie angewandt.

Während das Alphabet und das Abc als sehr beständige Gebilde sich durch die Jahrhunderte behauptet haben, ist das Futhark durch Wandlungsfähigkeit gekennzeichnet. Denn im Laufe eines Jahrtausends ist eine Reihe von Futharken entstanden. Vielleicht spiegelt sich auch darin ein rassischer Grundzug des germanischen Wesens wider, dem nicht so sehr an dem Beharren beim einmal Erreichten als vielmehr an der schöpferischen Weiterentwickelung seiner Errungenschaften gelegen ist.

Die älteste germanische Buchstabenreihe ist das *gemeingermanische Futhark*. Es hat seinen Namen davon erhalten, daß die in ihm abgefaßten Runeninschriften im gesamten Germanen-

Abb. 2. Die gemeingermanische Runenreihe

gebiet in der gemeingermanischen Zeit zwischen 200—700 u. Zeitr. begegnen.

Die gemeingermanische Runenreihe besteht aus 24 Buchstaben, deren Reihenfolge sich aus nord- und südgermanischen sog. Alphabetinschriften auf Metallsachen und Steinen sowie aus handschriftlichen Aufzeichnungen ergeben hat.

Die maßgebenden Funde dieser Art sind der Stein von Kylver (Gotland) aus dem Anfang des fünften Jahrhunderts, die als schützende Anhänger getragenen goldenen Hohlmünzen von Vadstena und Grumpan (beide in Schweden) aus dem sechsten Jahrhundert, eine bei Charnay in Burgund gehobene, wohl alemannische oder fränkische Spange aus dem Ende des sechsten oder dem Beginn des siebenten Jahrhunderts und eine bei Breza in Bosnien entdeckte steinerne Halbsäule aus dem sechsten Jahrhundert.

Abb. 3. Der Stein von Kylver

Keines dieser Denkmäler enthält das Futhark vollständig. Auf dem Stein von Kylver sind die Beistäbe des ersten Buchstabens zu ergänzen, beim Anhänger von Vadstena ist das D-Zeichen am Schlusse durch die Tragöse verdeckt, beim Schütznis von Grumpan fehlen die fünfzehnte und die sechzehnte Rune und sind das drittletzte und das vorletzte Zeichen oben ver-

Abb. 4. Anhänger von Vadstena

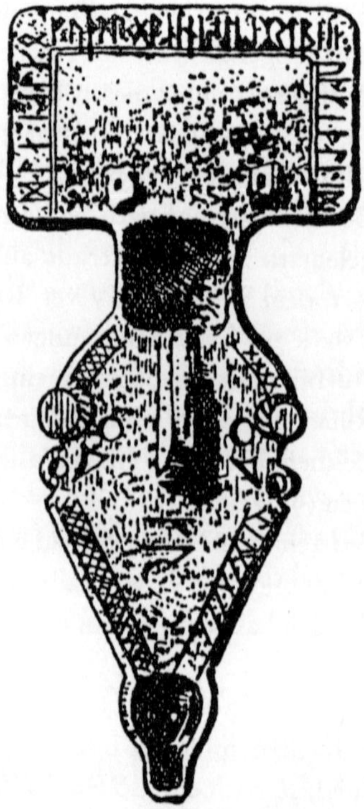

Abb. 5. Spange von Charnay

stümmelt, bei der Spange von Charnay fehlen am Ende die drei letzten Runen und bei der Säule von Breza ist die L-Rune beschädigt und fehlen die drei letzten Zeichen.

Die Futhark-Denkmäler lassen zwar eine weitgehende Gemeinsamkeit der Überlieferung erkennen, weisen aber außer den erwähnten Lücken und Beschädigungen manche Unstimmigkeiten in den Formen und der Reihenfolge einzelner Buchstaben auf. Diese Abweichungen mögen auf Stammeseigentümlichkeiten beruhen oder aus dem Streben der Runenritzer nach leichterer Herstellung der Runen durch Vereinfachung schwieriger Zeichen sich ergeben haben. Das in Abb. 2 gebotene Futhark ist unter diesen Umständen als ein unter Berücksichtigung der ältesten Formen geschaffenes, zeitlich gebundenes Musterbeispiel zu werten.

Beachtlich ist, daß nach der Vermutung des schwedischen Sprachgelehrten S. Agrell gerade auf dem ältesten Denkmal dieser Art, dem Stein von Kylver, Rücksichten auf einen bannenden Zweck gewisse Abänderungen bedingt haben mögen.

Auffällig ist an dem gemeingermanischen Futhark, daß die Runen für *k*, *n͡g* und *j* kleiner gehalten sind als die übrigen Zeichen. Bei dem J gilt das allerdings nur für die ältesten Formen (ᛃ, ᛄ).

Sechzehn von den 24 Runen bezeichnen Mitlauter, sechs Selbstlauter und zwei (j, w) Halbvokale. Das Englische hat bekanntlich den halbvokalischen Klang des W bis auf unsere Tage beibehalten.

Der dritte Buchstabe ᚦ wird bei der Wiedergabe von Runeninschriften mit den Buchstaben unserer neuzeitlichen Schrift durch *t͡h* nach englischem Schreibgebrauch umschrieben; er bezeichnet den germanischen Zahnreibe- oder Lispel-Laut. Das Englische hat ihn bis in die Gegenwart bewahrt; im Deutschen dagegen ist er nach 600 u. Zeitr. allmählich zu *d* geworden. Daher sprachen im neunzehnten Jahrhundert manche deutsche Forscher vom „Fudark“. Aber diese Angleichung an den deutschen Lautstand aus Bequemlichkeitsrücksichten hat sich nicht eingebürgert.

Die sechzehnte Rune ᛉ wird nach wissenschaftlichem Brauch mit R umschrieben; sie drückte jedoch ursprünglich einen stimmhaften *s*-Laut aus (Sage, Rose), der später im germanischen Norden zu einem Zwischenlaut zwischen *s* und *r* und schließlich zu einem reinen R wurde. Der stimmhafte *s*-Laut wird sonst lautschriftlich durch ẓ ausgedrückt.

Noch nicht ganz gesichert ist der Lautwert der dreizehnten Rune ᛇ (ᛇ), die mit ẹ umschrieben wird. Man nimmt an, daß es sich um ein enges, zu *i* neigendes E gehandelt haben dürfte. Beachtlich ist das Vorhandensein eines Zeichens für den Nasenlaut *n͡g* (Angel, Enge) und besonderer Zeichen für die Halbvokale *j* und *w*. Diese Buchstaben fehlten dem lateinischen Abc. Das W ist nach der Übernahme der römischen Schriftreihe von den deutschen Schreibern erst später und das J gar erst in der Neuzeit in das Abc eingefügt worden. Ein eigenes Zeichen für *n͡g* geht uns heut noch ab. Das Vorhandensein dieser drei Runen beweist, wie fein entwickelt das Lautgefühl des Schöpfers des Futharks gewesen ist und wie weitgehend die Runenschrift dem germanischen Lautstand gerecht wurde im Gegensatz zu der mit der Bekehrung übernommenen lateinischen Mönchsschrift, deren Einführung schriftkundlich einen Rückschritt bedeutet hat.

Welche Möglichkeiten zur Weiterentwickelung in dem gemeingermanischen Futhark steckten, offenbaren die *altenglischen Runenreihen.* Durch Abänderungen der alten Zeichen, die sog. „Sproßformen", wurde die Buchstabenzahl zunächst auf 28 und dann sogar auf 33 Buchstaben erweitert. So wurde z. B. das alte A ᚨ abgewandelt zu den Formen ᚪ und ᚫ, um die Laute *a, ä* und offenes *o* bezeichnen zu können.

Belegt sind diese ausgestalteten Reihen durch ein aus der Themse gehobenes Kurzschwert, das sog. Themseschwert, in dessen Klinge die Runenreihe mit Silberdrahteinlage eingearbeitet ist und das ins achte Jahrhundert gesetzt wird, sowie durch deutsche und englische Handschriften des zehnten und des elften Jahrhunderts. Hier ist das alte A an der vierten

Stelle zu offenem O geworden, so daß man füglich von einem *Futhork* reden muß.

Abb. 6. Das Themseschwert

Abb. 7. Die angelsächsische Runenreihe

Abb. 8. Die jüngste altenglische Reihe

Die Gründe für diese Erweiterungen lagen in lautlichen Umwandlungen der Sprache. Diese sind aber nicht erst auf englischem Boden wirksam geworden, sondern dürften auf dem Festland im anglofriesischen Sprachgebiet eingesetzt haben. In schroffem Gegensatz zu der altenglischen Bereicherung der Vierundzwanzigerreihe steht das Verfahren, das in den Nordlanden eingeschlagen wurde. Man verzichtete dort nach dem Ende der gemeingermanischen Zeit um 700 u. Zeitr. auf immer mehr Buchstaben des alten Futharks. So kam es zu einer Schrumpfung der Runenreihe. Das Ergebnis dieser allmählichen Umbildung war eine Reihe von nur sechzehn Runen. Sie wird das *nordische Futhork* oder auch die *dänische Runenreihe* genannt.

Abb. 9. Die nordische Runenreihe

Mit sechzehn Buchstaben alle Laute der altnordischen Sprachen ausdrücken, war jedoch nur möglich bei einem weitgehenden Verzicht auf lautliche Genauigkeit. Man behalf sich mit der Rune *u* für *u, ü, w* und *o*, mit *i* für *i, e, j*, mit *a* für *a* und *ä*, mit *k* für *k, g, n͡g*, mit *t* für *t* und *d*, mit *b* für *b* und *p*, mit *t͡h* für *t͡h* (stimmloser Zahnreibelaut) und *d͡h* (stimmhafter Zahnreibelaut). Zur Veranschaulichung der Verkümmerung des Schriftbildes, die mit dieser Verkürzung des alten Futharks verknüpft war, sei angeführt, daß das Wort für König „konungR" „kunukR" geschrieben werden mußte.

Da die längere Runenreihe vor der kürzeren geherrscht hat, so wird erstere oft als die „ältere" und letztere vielfach als die „jüngere" bezeichnet.

Die wissenschaftliche Meinung über das Verhältnis beider zueinander hat stark gewechselt. Zu Beginn des neunzehnten Jahrhunderts nahm man an, das kürzere Futhark sei das ursprüngliche und die Grundlage des längeren, das sich aus ihm ähnlich entwickelt habe wie die angelsächsischen Reihen aus dem gemeingermanischen Futhark. Diese Ansicht schien dem Gesetz des Fortschritts vom Einfacheren zum Vollkommeneren zu entsprechen, das im Kulturleben der germanischen Welt so oft zu beobachten ist. In unserem Jahrhundert aber zeigte die immer tiefere Erforschung der altnordischen Sprachen auf, daß die Inschriften in dem längeren Futhark die sprachlichen Vorstufen derjenigen in dem kürzeren bieten. Die Wörter sind nämlich in allen germanischen Sprachen mit der Zeit kürzer geworden. So schlug das Urteil um. Es wurde nun gefolgert, daß das kürzere Futhark eine Verarmung des längeren darstelle, aus dem es durch Vereinfachung rückgebildet sei. Daß lautliche Veränderungen einen der Antriebe zur Schrumpfung der längeren Reihe gebildet haben werden, läßt sich verstehen. Denn *j* fiel im Nordischen im Anlaut weg und konnte sonst durch *i* ersetzt werden; ẹ war urnordisch selten und daher ein besonderes Zeichen dafür nicht mehr dringend nötig; ein Ersatz des W durch konsonantisches U oder durch F war möglich. Aber außer den sprachlichen Gründen haben gewiß auch noch solche schrifttechnischer und künstlerischer Art bei dem Vorgang der Schrumpfung mitgewirkt. Unverkennbar ist bei der Entwickelung mehrerer Runenformen das Streben, sie auf einen Hauptstab zu bringen oder sie in der Größe der Mehrheit anzugleichen. Das tritt anschaulich zutage bei der Formveränderung der Runen für *k*, *j* und *n̑g*, die ursprünglich keinen Hauptstab besaßen und nicht die übliche Größe hatten. Bei der Rune für *k* ergibt sich folgendes Entwickelungsbild: c < ^ ᛣ ᚳ ᚳ ᛦ ᛉ ᚴ und bei der Rune für *j* die Formenreihe ᛃ ᛃ ᚺ ᚺ ᛏ ᛄ ᛄ ᚼ. Es ist deshalb vermutet worden, daß die alten Runen für *g*, *p*, *o* und *d* wahrscheinlich deswegen aufgegeben worden sind, weil ihre gemeingermanischen Formen dem Stilgefühl der nordischen Runenmetzen widerstrebten. Denn der artreine Germane liebt das Aufstrebende und Ragende. Bis auf die Rune ᚺ weisen denn auch sämtliche Buchstaben des dänischen Futhorks einen einzigen Hauptstab auf. Das Streben, auch die gebrochene nordische ᚺ-Rune auf einen einzigen Stab zu bringen, tritt in norwegischen und schonischen Inschriften auf: h oder ᛙ; man zog also den linken Oberteil bis unten durch oder verlängerte den rechten Unterteil bis oben. Die dänische Runenreihe verbreitete sich nach Norwegen und Schweden und trat in einen Wettbewerb mit den dort üblichen norwegisch-schwedischen Zeichen. In Schweden gewann sie so sehr den Vorrang, daß über zweitausend Denkmäler in ihr abgefaßt sind. In Norwegen behaupteten sich manche Sonderformen wie die für das S ᛌ, die auch auf Island benutzt worden ist.

Eine an neuzeitliche Kurzschrift gemahnende Vereinfachung zeigt eine aus dem elften Jahrhundert stammende Zeichenreihe, die man nach der schwedischen Landschaft Hälsingeland *Hälsinger Runen* zu nennen pflegt. Ihr Kennzeichen ist, daß auf die meisten Hauptstäbe verzichtet worden ist und die erhalten gebliebenen verkürzt sind.

f u þ a r k . h n i a s . t b m l

Abb. 10. Die Hälsinger Runen

Die Unvollkommenheit der Lautbezeichnung in ihrem einheimischen Futhork wird den Dänen durch ihre zahlreichen Kriegs- und Handelsfahrten nach England im Laufe des zehnten Jahrhunderts bewußt geworden sein. Es dürfte schwerlich ein Zufall sein, daß man im Norden vom Ende des zehnten

Jahrhunderts ab der bisher hingenommenen Unzulänglichkeit der Sechzehnerreihe durch die Einführung „punktierter Runen“ abzuhelfen begann. In den Nordlanden werden diese punktierten Buchstaben auch „gestochene“ Runen genannt. Vermutlich ist man zu dieser Verbesserung durch das altenglische ü-Zeichen ᚣ oder ᚤ (Abb. 7) angeregt worden. So kommen auf dem 1857 bei Busdorf bei Schleswig unfern des lange verschollenen und seit Beginn des zwanzigsten Jahrhunderts wiedergefundenen Wikinger-Großhandelortes Haithabu, der im anglischen Landvolk die „Oldenburg“ heißt, aufgefundenen und an Ort und Stelle wieder aufgerichteten Runenstein je eine punktierte *i*- (ᛂ) sowie eine *k*- (ᚵ) Rune mit den Lautwerten *e* und *g* vor.

Um einen Begriff davon zu vermitteln, daß nordische Runensteine nur deuten kann, wer die altnordischen Sprachen in ihren geschichtlichen Entwickelungsstufen beherrscht, seien der Runenwortlaut, seine altdänische Entsprechung und sein deutscher Sinn wiedergegeben. Hierbei mögen die Zeilenenden auf dem Stein durch ||, der Zahnreibelaut durch t͡h und die beiden punktierten Runen durch Sperrdruck angedeutet werden: suin: kunukR: sati || stin: uftiR: skart͡ha || sin: himt͡higa: ias: uas || farin: u*e*stR: ią n: nu || (auf der Kante des Steines) uart͡h : taut͡hR : at : hit͡ha : bu ||. Die altdänische Sprachform lautet: Swénn konungR satti stén öftiR Skard͡ha sínn hémt͡hega, es was farinn westr, en nu ward͡h död͡hr at Hédhabý. Die deutsche Übersetzung ergibt: „König Swein setzte diesen Stein für Skarde, seinen Heimdegen[5], der gen Westen gefahren war und nun ward getötet bei Hedeby[6].“

[5] Leibwächter (Gefolgschaftsmann).

[6] Dänische Lautform des schwedischen Stadtnamens Haithabu (Heideort) am Haddebyer Noor der Schleiförde.

In der Inschrift wird besonders hervorgehoben, daß Skartha mit seinem königlichen Herrn die Westfahrt nach England mitgemacht hatte.

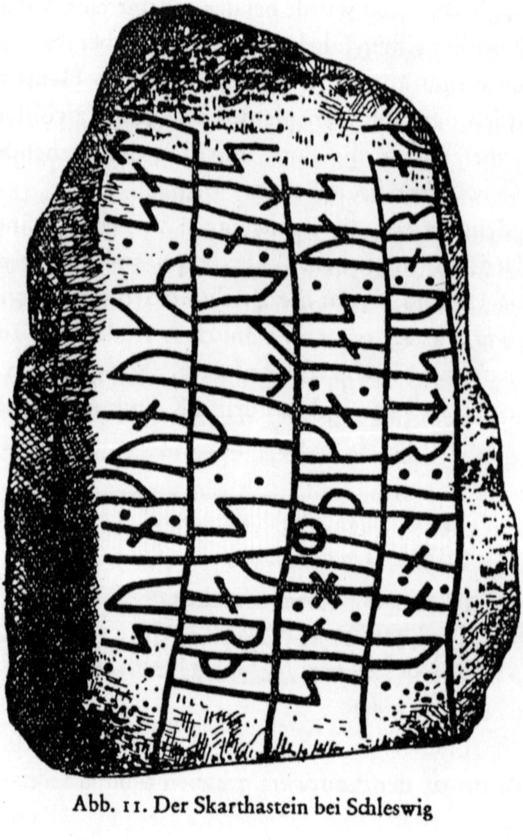

Abb. 11. Der Skarthastein bei Schleswig

Etwas später tritt eine punktierte *u*-Rune mit dem Lautwert *ü* (y) auf. Dann erfaßt die Punktierung die Runen *t* und *b* und schafft so Zeichen für *d* und *p* (ᚢ↑ᛒ).

Außer durch Punktierung wurde die kürzere Runenreihe durch die sog. „Spaltungsformen" für die Selbstlauter *a* und *o* —

vielleicht unter norwegischer Anregung — erweitert. Die nordische *a*-Rune mit durchgehendem Kennstab ᛅ wurde im zwölften Jahrhundert „gespalten" in ᛆ für *a* und ᛅ für *ä*. Etwa zur gleichen Zeit wurde bei der o-Rune eine Aufspaltung üblich. Noch im elften Jahrhundert konnten bei ihr die gleichlaufenden Kennstäbe rechts oder links an den Hauptstab gesetzt werden oder ihn schneiden: ᚮ ᚭ ᚯ ᚯ. Im zwölften Jahrhundert aber wurde die Form mit den durchgehenden Beistrichen dem Laut *ö* vorbehalten.

Als ein Zeugnis für die Beziehungen zwischen Dänen und Engländern auf englischem Boden kann wohl das Kammgehäuse von Lincoln, das in die Zeit um 1050 gesetzt wird, angeführt werden. Es trägt in dänischen Runen die Inschrift: kamb: kothan: kiari: ThorfastR (Kamm guten machte Thorfast). Das zweite und das dritte K sind noch nicht punk-

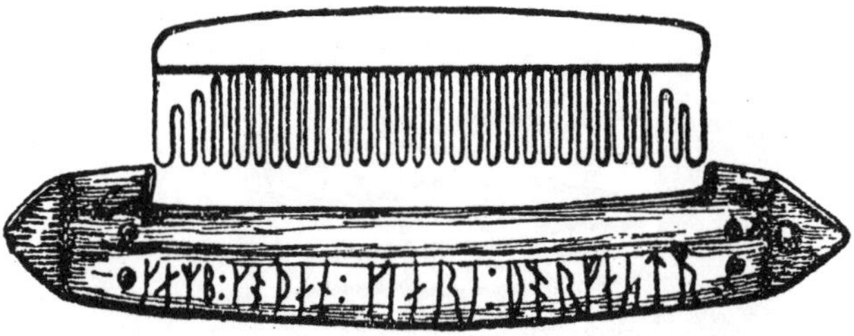

Abb. 12. Das Kammgehäuse von Lincoln

tiert, obwohl sie den Lautwert g haben (godhan: giari ist zu lesen).

Auch die Mitlauter *t* und *n* wurden um 1100 von der Spaltung erfaßt. Die *t*-Rune ᛏ verlor den rechten Kennstrich und wurde zu ᛐ, das *n*-Zeichen ᚾ büßte die linke Hälfte des schrägen Beistriches ein und nahm die Gestalt ᚿ an. So entstand das sog. „späte" N.

Bei der Bekehrung Norwegens und Schwedens haben englische Geistliche neben deutschen eine bedeutende Rolle gespielt. Im alten England hat die römisch-katholische Geistlichkeit an der Runenschrift keinen Anstoß genommen und sie u. a. bei christlichen Inschriften auf Steinkreuzen verwenden lassen. Diese angelsächsische Duldsamkeit mag der Runenschrift in den Nordlanden zugute gekommen sein. Gleichwohl deutet es auf eine gewisse Spannung zwischen der bodenständigen Runen- und der mit der Kirche gekommenen Lateinschrift hin, daß die Runenmetzen des Nordens dazu übergingen, die Runenfolge dem Abc anzugleichen. Als Beispiel eines solchen Versuches möge der kleine Alphabetstein von Oester-Marie auf Bornholm dienen. Er trägt 18 Runen: a b t͡h e f g h i k l m n o r R s t u. Die Bestrebungen, das Futhork dem Abc anzugleichen, wurden stark gefördert durch die Vorschläge des Runenmeisters

Abb. 13. Das Runen-Abc von Bornholm

Thoroddr (um 1125) und abgeschlossen durch den Isländer Olaf Hwitaskald in seiner grammatischen Abhandlung (um 1250). So entstand die „*jüngste Runenreihe*“, die auch die „punktierte“ oder nach dem Gönner Olafs, dem Dänenkönig Waldemar II. dem Sieger, auch „Waldemarsrunen“ genannt worden ist.

Abb. 14. Die Waldemarsrunen

Vom zwölften bis zum vierzehnten Jahrhundert sind viele kirchlichen Gegenstände in Dänemark mit Runeninschriften ausgestattet worden: Taufbecken, Räucherfäßchen, Kirchenglocken, Reliquien-Behälter usw. Selbst lateinische Worte und Sätze wie Ave Maria sind in Runen ausgedrückt worden.
Aber dieser Runengebrauch welkte im fünfzehnten Jahrhundert dahin. Die Runenzeit in Dänemark ging zu Ende. In Schweden kam es freilich, besonders in abgelegenen Gegenden, noch zu Ausläufern der Runenschrift im Volke selbst und zu einer bewußt gepflegten Nachblüte. In Norwegen schwanden die Runeninschriften mit dem Ende des vierzehnten Jahrhunderts, auf Island dagegen erst nach der Reformation. Dort wurde 1626 ein Mann mit dem Feuertode bestraft, weil man unter seinen Schriften ein Runenzeichen gefunden hatte.
Da der germanische Lispellaut þ in lateinischer Schrift nicht unmittelbar wiederzugeben war, so hielten die angelsächsischen Mönche jahrhundertelang an seinem Runenzeichen mitten unter den lateinischen Buchstaben ihrer Handschriften

fest. Ebenso bewahrten sie lange den Gebrauch der Rune ᚹ für *w*. Auf Island wird die Rune þ noch heut geschrieben. Das vom gelehrten Erzbischof von Mainz Hrabanus Maurus im neunten Jahrhundert aufgezeichnete Runen-Abc und seine handschriftlichen Abarten sind wohl nur als Zeugnisse des geistigen Beschäftigungsdranges deutscher Klostergeistlichen zu bewerten. Die Anregung dazu dürfte von angelsächsischen Mönchen in fränkischen Diensten ausgegangen sein.

Daß die lebendige Erinnerung an die Runen in den Nordlanden nie so völlig erloschen ist wie in Deutschland, dazu hat ein in Stadt und Land allgemein verbreiteter Gebrauchsgegenstand beigetragen: der *Runenstabkalender*. Auf ihm wurden die „Sonntagsbuchstaben“, mit deren Hilfe sich die einzelnen Wochentage für das ganze Jahr bestimmen ließen, mit den ersten sieben Runen des Futhorks und die „goldenen Zahlen“ des für den Eintritt der Mondercheinungen wichtigen neunzehnjährigen Sonnenkreislaufes durch die um drei Zeichen vermehrten sechzehn Runen des Futhorks dargestellt. Der älteste erfaßbare Runenstab stammt aus der ersten Hälfte des vierzehnten Jahrhunderts. Aber schon auf dem Taufbecken von Baarse (Seeland), kurz nach 1200, findet sich die goldene Zahlenreihe in Runen eingemeißelt.

Abb. 15. Ein Runenstabkalender

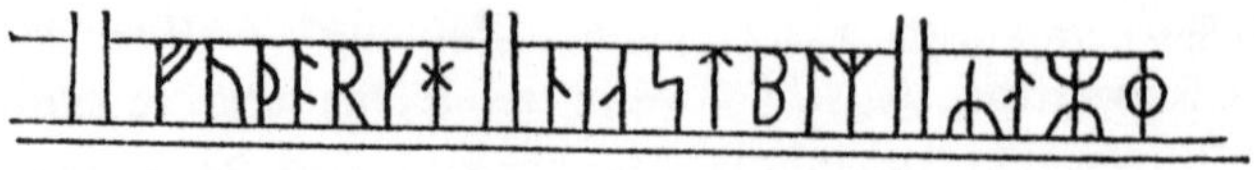

Abb. 16. Die goldene Zahlenreihe von Baarse

VON DER GESTALT DER RUNEN

Die Gestalt der Runen ist dadurch gekennzeichnet, daß im allgemeinen waagerechte und gebogene Linien sowie rechte Winkel vermieden, dagegen senkrechte und schrägwinkelige Züge bevorzugt sind. Allgemein hat die Forschung die eckigen Formen der Runen mit der Herstellung der Zeichen durch Schneiden in Holz erklärt.

Nun besteht freilich der Hauptteil der uns erhaltenen Runenzeugnisse aus Metall, Stein, Knochen, Bernstein und in einigen wenigen Fällen aus gebranntem Ton; im Lied von Sigrdrifa der Edda hören wir von dem Ritzen von Runen in Glas, in anderen Schriftstellen vom Ritzen in Horn und Fischbein. Dagegen ist die Anzahl der uns erhaltenen hölzernen Sachfunde mit Runen sehr gering. Das dürfte aber seine zureichende Erklärung in der Vergänglichkeit des Holzes finden. Denn nur bei besonders günstiger Lagerung von Holzsachen in fetter Erde wie bei den künstlichen Wohnhügeln an der friesisch-sächsischen Küste oder in Mooren wie in Schleswig und auf den dänischen Inseln haben sich hölzerne Gegenstände zu erhalten vermocht.

Zu den im holländischen Friesland gemachten Funden gehört das kleine Holzschwert von Arum, das anglofriesische Runen trägt.

Das Schwertchen besteht aus Eibenholz, andere Holzsachen aus Eichen- und Eschenholz. Ob aber auch Buchenholz in dem Umfang als Schreibstoff verwendet worden ist, wie auf Grund

Abb. 17. Das Schwertchen von Arum

der Wörter „Buch“ und „Buchstabe“ bis vor kurzem vermutet wurde, ist neuerdings fraglich geworden. Es hat sich ergeben, daß Buchenholz zum Schneiden und Ritzen wenig geeignet ist und das Wort „Buchstabe“ erst nach der Einführung der Mönchsschrift aufkam und sich auf die lateinischen Schriftzeichen bezog. Denn im Althochdeutschen, Altenglischen und Altnordischen heißen die einzelnen Schriftzeichen „Runstab“ oder kurz „Stab“.

Von den mit der Runenschrift verknüpften Tätigkeitswörtern ist wrītan = „reißen“, „schneiden“, „ritzen“ in Deutschland, England und im Norden belegt. In England lebt es noch heut als to write = schreiben, in Deutschland nur noch in Hauptwörtern wie „Grundriß“, „Reißzeug“ usw.

Andere einschlägige Zeitwörter sind „hauen“, d. h. „einhauen“, „einmeißeln“ (nur im Norden seit dem zehnten Jahrhundert), „scheren“ (nur im Norden, in Deutschland noch in „bescheren“ erhalten), „merken“ d. h. mit einer „Marke“ versehen und „wirken“ (nur im Norden).

Das alte Fachwort „färben“, das auch mit „malen“ übersetzt wird, könnte ursprünglich auf das Vormalen der Runen auf den Stein für den Metzen gegangen sein oder sich auf das Ausfüllen der Kerben mit einer farbigen Masse wie bei den mittelalterlichen Stabkalendern bezogen haben oder auf eine bannende Handlung zu deuten sein. Es starb mit dem gemeingermanischen Futhark aus.

„Reißen" und „scheren" beziehen sich auf ein Schneiden und daher auf eine Holzunterlage. Holz der verschiedensten Art stand ja den Germanen in reichster Fülle zu Gebote. Dazu stimmt auch, daß die im fünften Jahrhundert nach England ausgewanderten Sachsen neben anderen Fachwörtern der Runenschrift das Wort „writ-seax" d. h. „Reißmesser" mitgenommen haben. Das Reißen wird ein Kerben gewesen sein, bei dem die Keilstückchen ausgehoben und die entstandenen Vertiefungen mit einem Gemisch von Wachs und Mennige oder Ocker ausgestrichen (gefärbt?) wurden, so daß die Stäbe sich deutlich abhoben. Noch im Mittelalter wurden auf nicht wenigen Runensteinen wie z. B. auf denen von Ardre (Gotland) die eingehauenen Runen mit roter Farbe ausgefüllt, so daß sie sich leuchtend vom matten Untergrund abhoben.

Abb. 18. Eisernes, im Griff feststehendes Messer mit goldenen und silbernen Gestirnverzierungen aus einem Grabe in Mainz um 400 u. Zeitr. Es gleicht einem Kerbmesser. War es ein „Reißmesser"?

Der dänische Geschichtsschreiber Saxo Grammatikus wußte noch um 1200 von dem alten Brauch, „in Holz geschnittene" Buchstaben zu Briefzwecken zu versenden.

Den Germanen stand neben dem Holz auch Baumrinde zum Schreiben zur Verfügung. Der schon erwähnte Venantius Fortunatus hat in einem Distichonpaar gedichtet:

Hat dir lang kein Händler Papier zum Kaufe geboten?
Was die Zeit dir versagt, schafft auch Liebe nicht her.
Ei so laß doch den Stamm einer Buche sich hilfreich entgürten!
Auch auf Rinde erfreu'n Worte von dir mein Gemüt.

Aus diesen Versen geht hervor, daß dem dichtenden Bischof die Benutzung von Buchenrinde als Schreibstoff aufgefallen war. Er wird seine Beobachtung wohl bei den Franken gemacht haben. Tausend Jahre nach ihm hat der schwedische Erzbischof Olaf Store, der sich als Geschichtsschreiber Olaus Magnus nannte, den Gebrauch von Baumrinde zu Schreibzwecken unter den Landleuten beobachtet. Außer der Buchen- wird jedenfalls auch Birkenrinde zu Mitteilungszwecken benutzt worden sein. Haben sich doch im Weltkriege 1914/18 findige Feldgraue Feldpostkarten aus Birkenrinde angefertigt.

Während jedoch die deutschen Soldaten mit Tinten- oder Bleistift geschrieben haben und auch der lateinisch dichtende Venantius an ein Schreiben mit dem Schreibrohr gedacht haben wird, worauf ja auch in seinem früher schon angeführten Zweizeiler der Ausdruck „malen" schließen läßt, dürften die Germanen auch auf Rinde mit dem Reißmesser gearbeitet haben. Ritzten sie die Runen in die silbrige Seite der Rinde mit gleichlaufenden Doppelschnitten ein, so konnten sie die Oberhautschicht abschälen. Dann hoben sich die Buchstaben hell vom Grau der Unterlage ab.

Bei einem solchen Verfahren kann man mit Recht von einem Ritzen sprechen, da dieses Wort im Neuhochdeutschen ja nur ein leichtes Aufreißen der Oberfläche ausdrückt. Beim Kerben in Holz aber muß ein gewisser Druck ausgeübt werden. Insofern paßt der übliche Ausdruck „Runen ritzen" sachlich nicht recht auf Inschriften, die in Holz gekerbt, in Ton geschnitten oder in Stein gemeißelt wurden. Seine Anwendung erklärt sich daraus, daß er wie die Lautform Rune aus dem nordischen Sprachgebrauch übernommen worden ist. Denn seit dem zehnten Jahrhundert waren im Norden die Fachzeitwörter rísta und rista (ritzen, schneiden) für das Anbringen von Runen auf jedem Stoff herrschend geworden.

Es hat freilich auch Fälle gegeben, wo die Runen nur leicht in das Holz geritzt worden sind. Das lehrt die Runeninschrift auf der Schmalkante einer Holzleiste in dem Kirchlein Wang aus Valdres in Norwegen, das seit etwa hundert Jahren in Brückenberg im Riesengebirge steht. Die feinen Schnitte erleichtern die Lesung gerade nicht. Die Inschrift lautet: Æindridhi skar mja: fingr: sonr: Olafs illa. Die Deutung dürfte sein: „Eindridi schnitzte [dieses Tor], der Schmalfinger (d. h. der Fingerfertige), Sohn Olafs des Kargen.“ Die Inschrift sei hier als Beispiel für eine norwegische Runenritzung bald nach 1200 gegeben.

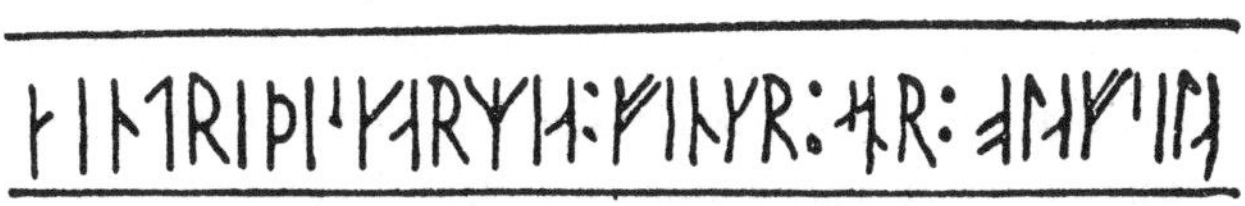

Abb. 19. Die Wanger Runeninschrift

Waren die Runen in der Tat ursprünglich eine Holzschnittschrift, so wird der Schluß nahezu aller Fachleute verständlich, daß die eckig-schrägwinkelige Gestalt der Runen durch die Anpassung an den Werkstoff und durch die Rücksicht auf die Holzfasern rein technisch am einleuchtendsten zu erklären sei. Aber schon 1898 ist dagegen eingewendet worden, daß die Germanen nach dem Zeugnis des Venantius geglättete (gehobelte) Brettchen oder Hölzchen benutzten und die Runen kerbten, dann aber runde und waagrechte Linien ganz unbedenklich waren, wie ja auch die erhaltenen wundervollen nordischen Schnitzarbeiten offenbaren. Darum ist auch in jüngster Zeit wieder betont worden, daß es sich dringend empfehle, die Frage nicht einseitig und rein holztechnisch entscheiden zu wollen, sondern auch das germanische Stilgefühl, das eckige und spitzwinkelige Formen runden und rechtwinkeligen vorzog, gebührend zu berücksichtigen.

Es ist lehrreich, von diesem Gesichtspunkt aus die Runenformen des Futhorks zu betrachten. Von einer Ausnahme abgesehen, weisen seine Buchstaben alle einen senkrechten Stab, den Hauptstab, auf. An ihn sind je nachdem rechts oder links wie Zweige an einen Stamm Seitenstäbe, die Kennstäbe (Beistriche), angesetzt. Bei der *f*-Rune finden sich sowohl gerade wie geschwungene Kennstäbe, bei der *t͡h*-Rune überwiegt der bauchige Beistab stark den eckigen, die *r*-Rune hat fast immer einen gerundeten Kennstab, bei dem *k*-Zeichen halten sich der gerade und der geschwungene Beistrich die Waage und bei dem *b*-Zeichen herrscht der gerundete, bauchige Kennstab durchaus vor. Die *R*-Rune endlich hat auf den dänischen Runensteinen fast nur gebogene Beistäbe.

Eine besondere Betrachtung erfordert die *m*-Rune. Im längeren Futhark wies sie zwei Hauptstäbe auf, die durch sich kreuzende Beistäbe verbunden waren. Auf den dänischen Steinen des zehnten Jahrhunderts tritt das *m*-Zeichen mit nur einem Hauptstab auf, der oben durch einen Ring oder eine Raute geht (⚲ ⫯). Diese Form vermag sich jedoch nicht zu behaupten. Um die Mitte des elften Jahrhunderts siegt eine Gestalt des Zeichens, die eine nach oben geöffnete Halbform des Kreises oder der Raute trägt: Ψ Υ. Wesentlich dabei ist, daß die runden oder geraden Linien als von dem eigenen Ermessen des betreffenden Steinmetzen bedingt erscheinen.

Das *u*-Zeichen weist die Formen ᚢ und ᚢ, bei den Engländern auch Λ auf; der Kennstab hat also eine eckige oder eine geschwungene Gestalt. Aber schon auf dem Stein von Kylver setzt der Kennstab unterhalb der Spitze des Hauptstabes an, wodurch letzterer stärker betont erscheint. Auch auf englischen Denkmälern begegnet diese Form nicht selten. Besonders auffällig ist sie auf dem Stein von Rök (Schweden), wo beide Gestalten nebeneinander auftreten.

Die Neigung, den Kennstab unterhalb der Spitze anzufügen, hat, wenn auch seltener als bei dem U, ebenfalls das *l*- und das *r*-Zeichen beeinflußt.

Sie hat ferner das alte ᚨ zu ᚩ ᚮ (mit dem Lautwert eines offenen O) abgewandelt. Die daraus weiter entwickelten Formen sind oben bereits erwähnt. Auf einigen nordischen Denkmälern tritt das Zeichen mit drei Beistrichen auf: ᚪ; diese Form galt vielleicht als besonders schützend.

Das altenglische D hat Kennstäbe, die nicht mehr die Kopf- und Fußenden der beiden Hauptstäbe verbinden, sondern tiefer ansetzen und höher enden: ᛞ. Diese Form begegnet schon auf der Spange von Freilaubersheim.

Die gemeingermanische *h*-Rune weist auf südgermanischem Gebiet zwei schräge Querstriche auf, im Norden dagegen nur einen. Dort wurde das Zeichen dann auf nur einen Hauptstab mit zwei gekreuzten Kennstäben ᚼ gebracht.

Das alte R ᛉ wird vom achten Jahrhundert ab von der Form ᛦ verdrängt. Nach dem lautlichen Zusammenfall von R und *r* wurde das Zeichen für ü benutzt (etwa seit 1050, und zwar zuerst in Norwegen). Dadurch wurde die punktierte *u*-Rune überflüssig.

Das *ñg*-Zeichen □ (Kylver) oder ◇ (Vadstena) hat in Altengland die Form ᛝ erhalten, indem die Linien auf Normalhöhe ausgezogen wurden. Im Norden ist diese Rune schon im sechsten Jahrhundert auf einen Hauptstab gebracht worden, der oben eine Raute trägt.

Die alte *s*-Rune ᛊ ᛋ tritt auch statt der eckigen mit leicht-gebogenen Linien auf; sie kommt auch statt mit drei mit vier Teilstrichen vor. Sie wird später im Norden zu ᚺ (siehe S. 22).

Die alte o-Rune, das Odalszeichen, hat meist eine kantige Form, tritt aber auch mit gebogenen Zügen als Schlinge auf.

Das ẓ-Zeichen der Spange von Charnay mit zwei Kennstäben nach oben und zwei nach unten dürfte die ursprüngliche Gestalt aufweisen, die vereinfachten Formen den Hauptstab betonen.

Gelegentlich kommen vom Üblichen stark abweichende Formen vor, z. B. das T für *t* und [] für *d* auf der Lanzenspitze von Kowel oder das † für j auf dem Themseschwert. In diesen Fällen könnten Rücksichten auf den Werkstoff (Einhämmern von Silberdraht in Eisen) die Abweichungen bedingt haben.

BESONDERHEITEN DER RUNENSCHRIFT

1. Schreibrichtung und Furchenschrift

Wir sind gewöhnt, von links nach rechts zu schreiben und die Zeilen von oben nach unten folgen zu lassen. Bei den Germanen der ersten Runenzeit aber war es möglich, nach Belieben von rechts nach links (linksläufig) oder von links nach rechts (rechtsläufig) zu schreiben. Je nachdem wurden einseitig angebrachte Kennstäbe rechts oder links angefügt; wo Beistriche sich schrägwinkelig absenken mußten, liefen sie in der Schreibrichtung nach unten (ᚾ ᚾ).

Die Zeilen konnte man damals von unten nach oben aufsteigen oder sich von oben nach unten ziehen lassen — je nach Belieben. Auf dem Stein von Karlevi beginnt sogar die Inschrift unterhalb der Mitte, steigt dann in Schlangenwindungen zur sechsten Zeile auf und setzt sich mit der siebenten unter der ersten absteigend fort. Die neue Zeile beginnt jedesmal da, wo die vorhergehende aufhört.

Auf dem Stein von Karlevi sind die Buchstaben jeder neu beginnenden Zeile auf den Kopf gestellt. Bei dem Stein von Tune (um 500) läuft auf der Vorderseite eine zweizeilige Inschrift von oben nach unten und zurück; die absteigende Anfangszeile ist rechtswendig, die zweite aufsteigende linkswendig, also das ergebend, was wir heut „Spiegelschrift" nennen. Auf der Rückseite steigt die Anfangszeile linksläufig zur Spitze auf, die mittlere senkt sich linksläufig zum Fuß ab, so daß die Buchstaben beider Zeilen Gegenfüßler darstellen; die Schlußzeile zieht sich rechtsläufig nach oben.

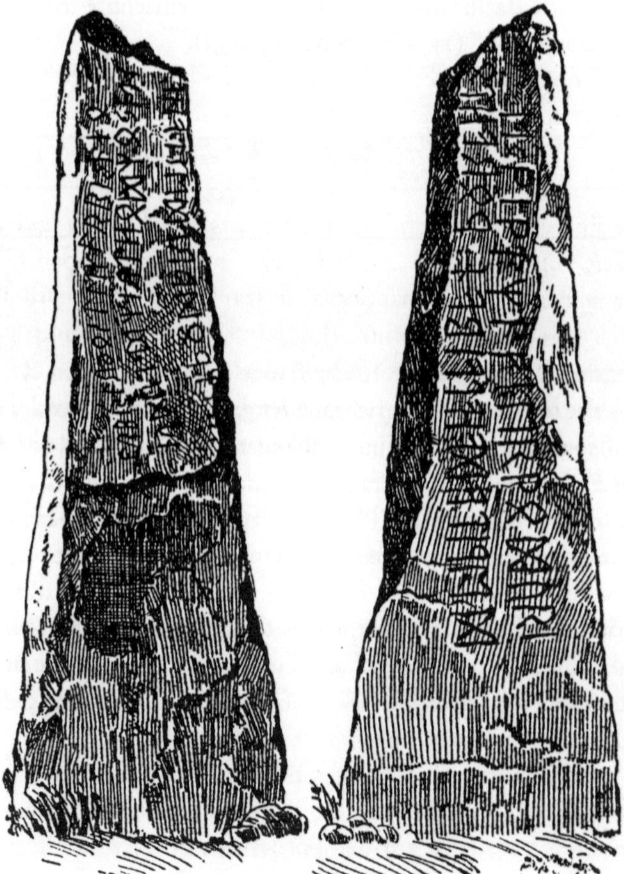

Abb. 20. Der Stein von Tune

Weil der Runenmetz bei diesen Windungen genau so verfuhr, wie ein Pflüger auf dem Acker seine Furchen zieht, hat man diese Art von Zeilenführung „*Furchenschrift*“ oder auch „*Pflugwendeschrift*“ genannt. In älteren Runenabhandlungen findet sich dafür der dem Griechischen entlehnte Ausdruck „Bustrophedon“ (= wie das Rind pflügt).

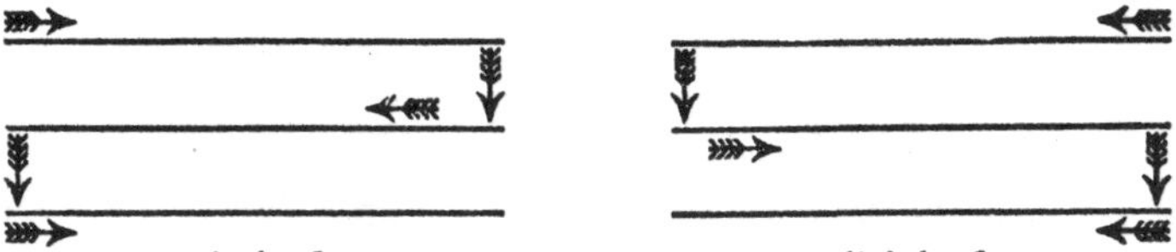

rechtsläufig linksläufig

Manchmal tritt in einer Inschrift eine Rune auf, deren Kennstab der sonstigen Zeilenrichtung entgegengesetzt gewendet ist; man spricht dann von einer „*Wenderune*“. Ist eine Rune auf den Kopf gestellt (gestürzt oder umgestülpt), so wird sie als „*Sturzrune*“ bezeichnet (ᚠ ⅄). In den Runendenkmälern sind diese Fälle selten, dagegen sehr häufig auf den Runen-Stabkalendern. Auf diesen werden sie aus Gründen der Raumersparnis, also werkmäßig bedingt worden sein; die Wende- und Sturzrunen ermöglichten eine ganz enge Zusammenrückung der Buchstaben, was raummäßig bei 360—365 Zeichen ins Gewicht fiel.

2. *Trennungszeichen*

In sehr vielen Runeninschriften, besonders in solchen des älteren Futharks, folgen die Buchstaben ohne unterschiedliche Zwischenräume und ohne Wort- oder Satztrennungszeichen aufeinander. Es hat ganz von dem Belieben der Runenmetzen abgehangen, ob sie das Lesen der Inschriften erleichtern wollten.

ek hlewagastiz holtijaz horna tawido

Abb. 21. Inschrift des Runenhorns von Gallehus

Auf dem Goldhorn von Gallehus bei Tondern (Nordschleswig) steht eine Inschrift aus fünf Worten; sie weist vier Trennungszeichen in Gestalt von je vier Punkten übereinander auf. Die beiden ersten Worte „Ich Hlewagastis“ sind nicht geschieden worden — vielleicht weil der Künstler sie als eng zusammengehörig empfand.

Auf der Spange von Freilaubersheim treten dreimal je zwei längliche Strichlein als Trennungszeichen auf, aber auch hier nicht hinter jedem Wort.

Auf einer Reihe von Steinen werden wohl Sinngruppen, aber nicht die einzelnen Wörter geschieden.

Außer einem oder mehreren Punkten und senkrechten Strichlein kommen auch Kreuzlein vor.

3. Rahmenlinien

Bei den ältesten Inschriften sind die Runen meist frei angebracht wie auf dem Stein von Kylver und dem von Tune. Auf dem Stein von Möjebro (Abb. 27) stehen sie auf einer Linie, auf der Spange von Charnay (Abb. 5) auf einer Doppellinie. Je länger, je mehr kamen Rahmenlinien auf, die sich schließlich zu kunstvoll verschlungenen Runenbändern entwickelten.

Abb. 22. Stein von Ramsundsberg

4. Binderunen

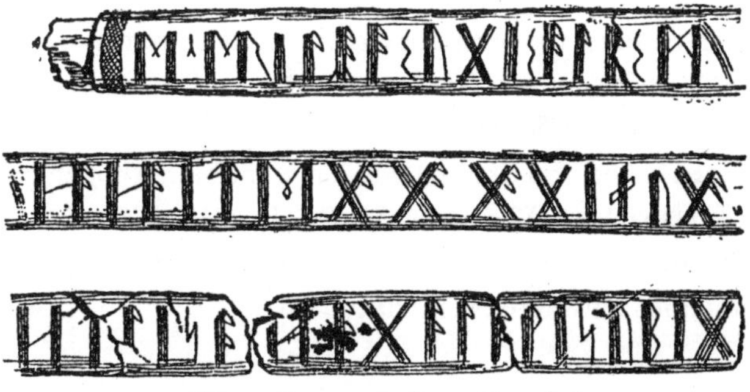

Abb. 23. Lanzenschaft von Kragehul

Aus dem Kragehuler Moor auf Fünen ist ein Lanzenschaft gehoben worden, der um 400 angesetzt wird. Er trägt mehrere Zeichen, die aus zwei Runen zusammengesetzt sind, indem die Kennstäbe der zweiten an den Hauptstab der ersten angefügt sind. Der gemeinsame Stab ist gewöhnlich ein senkrechter, seltener ein schräger. Es finden sich da ᛖ͡ᚱ = ᛖ + ᚱ = e + r, ᚨ͡ᛦ = ᚨ + ᛦ (Sturzrune aus werkmäßigem Grunde)

= a + ẓ, ᚷᚨ = X + ᚨ = g + a usw. Solche Zeichen heißen „*Binderunen*". Es kann sein, daß sie geschnitten worden sind, um Raum oder Mühe zu sparen, es kann aber auch noch anderes dabei mitgesprochen haben — vielleicht Rücksichten auf Bannwirkung.

Auf dem Erikstein, der dänisch Hedeby- oder Danevirke-Stein genannt wird, 1796 bei Schleswig gefunden worden ist und sich im Kieler Museum befindet, stehen sechs Zeichen, bei denen an einem einzigen langausgezogenem Hauptstabe drei oder vier oder fünf Kennstäbe untereinander eingehauen sind, z. B.  = m + a + t + R, also matR, was als mandR = Mann zu lesen ist. Diese Art von Binderunen heißt „*Gesamtstabsrunen*" oder „*Einstabsrunen*".

5. *Keine Doppelsetzungen von Runen*

Die Runenschrift war lautgerechter als unsere heutige Rechtschreibung. Sie kannte keine Verdoppelung von Selbstlautern wie in Saat oder von Mitlautern wie in bellen und ebensowenig Dehnungsbuchstaben wie unser *e* in Liebe oder *h* in Sahne.

Daß die Runenschrift Doppelkonsonanten zum Ausdruck der Vokalkürze nicht angewendet hat, spielt eine Rolle bei der Frage nach der Echtheit der mit Runen versehenen knöchernen Dolch- oder Schwertgriffe, die 1927—1928 im Baggerschlamm der Unterweser gefunden worden sind. Auf einem dieser Knochen steht das Wort ᚲᚢᚾᛁ = kunni (Geschlecht). Auf dem Knochen ist die gleiche Höhe des K mit den anderen Buchstaben auffällig und ebenso die Doppelsetzung des N. Beide Eigentümlichkeiten muten unrunisch an. Aber sie könnten sehr wohl auf römischem Einfluß beruhen, der sich mehrere Jahrhunderte hindurch gerade in jener Gegend fühlbar gemacht hat. Die Beschriftung des Stückes lautet: latam hari kunni ye d. h. „Ich lasse (los?) die Schar — Geschlecht". Das ye ist

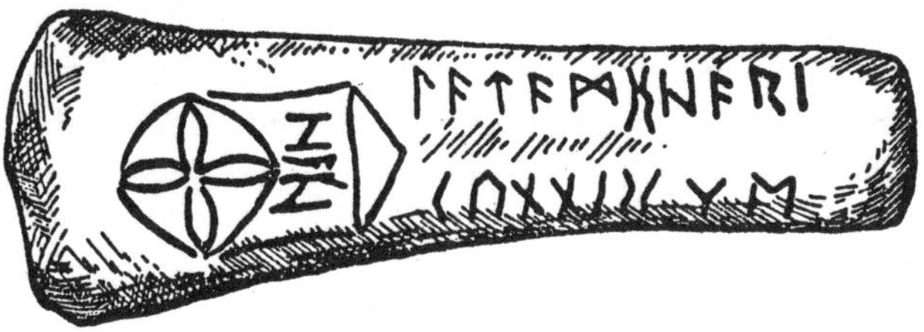

Abb. 24. Ein Weserknochen

rätselhaft. Sind es eingemischte römische Buchstaben? Der noch immer angezweifelte Fund befindet sich im Museum zu Oldenburg.

Eine nach neuzeitlichen Begriffen höchst auffällige Besonderheit der Runeninschriften ist endlich, daß zwei aufeinanderfolgende gleiche Laute nur einmal geschrieben werden konnten, ob es sich nun um Selbst- oder Mitlauter handelte. Diese wohl auf Arbeitsersparnis zurückzuführende Eigenheit tritt nicht nur im Innern eines Wortes, sondern auch am Wortende und am Anfang des nächsten auf, ja selbst, wenn ein Satzschluß dazwischen liegt.

6. Die Reihenfolge der Runen

Die Reihenfolge der Runen unterscheidet sich auffällig von der Buchstabenfolge der Schriftreihen des südländischen Altertums. Das Futhark steht damit dem Alphabet und dem Abc völlig selbständig gegenüber. Alle Versuche, die Runenfolge gleichwohl aus dem Abc abzuleiten, sind bisher an innerer Unzulänglichkeit oder an ihrer Gewolltheit gescheitert. An diesen Bemühungen hat es nicht gefehlt, denn die Anordnung der Runen ist seit dem Aufkommen der wissenschaftlichen Runenforschung immer wieder gegen die Entlehnungsmutmaßungen ins Feld geführt worden. Sie verwehrt jede Annahme einer einfachen Übernahme eines fremdvölkischen Vorbildes.

Leider sind, wie schon erwähnt, die südgermanischen Futharkdenkmäler nicht vollständig, so daß sich nicht mehr feststellen läßt, ob das Futhark mit *d o* oder *o d* schloß. Wenn gleichwohl manche Forscher sich für *d o* entschlossen haben, so geschah es, weil dann die Reihe mit der Rune für bewegliche Habe beginnen und mit der für liegende enden würde. Falls nicht ein neuer Fund die eine der beiden Möglichkeiten verstärkt, muß die Entscheidung für oder wider in der Schwebe bleiben.

LESUNG UND DEUTUNG DER RUNEN-INSCHRIFTEN

Die Runenforschung ist von den Runen-Denkmälern ausgegangen und beruht weiter auf ihnen. Jeder neue Fund bereichert sie, gibt aber meist auch neue Rätsel auf. Die neuen Denkmäler werden durch Lesung, Deutung und wissenschaftliche Auswertung des Befundes nutzbar gemacht.

Unter *Lesung* versteht man die Feststellung des Lautwertes der Runen auf einem Funde. Eine solche Lesung ist meist keine einfache Sache; nicht immer sind die Runen so deutlich lesbar wie auf dem Goldhorn oder dem Stein von Möjebro (Abb. 27). Oft ist die eindeutige Erkennbarkeit der Buchstaben durch Rostbildung, Verwitterung, Verstümmelung, Sprünge im Metall, Abgegriffenheit der Zeichen und andere Beschädigungen mehr oder minder stark beeinträchtigt. Kommt dann noch hinzu, daß der Runenbildner die Zeichen nicht ganz sorgfältig geformt hat, so sind Irrlesungen mancher Runen sehr erklärlich. So ist z. B. auf der großen Nordendorfer Spange (Abb. 25) die Rune *n* in dem Worte „Wodan“ so geritzt, daß sie der Rune *g* in dem Worte „Loga“ in der darüberstehenden Zeile sehr ähnlich sieht. Das hat dazu beigetragen, daß so viele Lesungen gerade für diese Runen-Urkunde entstanden sind. Manchmal haben sich Runenmetzen auch verhauen und sich nicht immer bemüht, den Fehler zu berichtigen, oder sie haben durch die angestrebte Verbesserung den Fall nicht gerade klarer gemacht.

Dazu kommt die schon erwähnte Eigenheit der Runenschrift, daß die Buchstaben vielfach ohne Abstände zwischen den Worten und ohne Rede- und Satzzeichen aufeinanderfolgen, daß gleiche Laute nacheinander nur einmal gesetzt zu werden brauchten, daß in den nordischen Inschriften *m* vor *b* und *p* sowie *n* vor *d* und *t* einfach ausgelassen wurden, so daß statt kumbl kubl und statt GudhmundR kuthmutR geschrieben worden ist, daß ein *i* fortgelassen werden konnte, weil es sozusagen ja im nächsten Hauptstabe mit drinsteckte, daß hinwiederum aus Gründen künstlerischer Raumfüllung oder der Erzielung eines gewünschten Zahlenverhältnisses ein *i* doppelt gesetzt wurde wie z. B. beim Braunschweiger Runenkästlein (Abb. 28), daß einige nordische Runen lautlich mehrdeutig sind und daß endlich Binderunen auftreten. So ist es nicht verwunderlich, daß die Lesung vieler Inschriften noch nicht völlig gesichert ist und immer wieder neue Anläufe gemacht werden müssen, die richtige Lesung zu ermitteln.

Das Herausschälen der Wörter und Sätze aus den ermittelten Buchstaben und die Erklärung des Sinnes ist Aufgabe der *Deutung*.

Zur Beleuchtung der mit vielen Lesungen und Deutungen verknüpften Schwierigkeiten mögen zwei Äußerungen von Fachleuten dienen. Gustav Neckel urteilte 1934, daß die Runen nur der zu enträtseln hoffen könne, der sämtliche Runenreste seiner Betrachtung würdige. Der Isländer Alexander Johannesson vertrat 1938 den Standpunkt, daß zur erfolgreichen Deutung einer noch nicht gedeuteten Runenritzung die genaue Kenntnis sämtlicher Sprachen und Kulturen der germanischen Völker in alter und neuer Zeit Voraussetzung sei.

Zur Veranschaulichung des Gesagten mögen folgende Beispiele dienen.

Das berühmte Goldhorn von Gallehus, das leider einem Diebstahl zum Opfer gefallen ist, trug eine schön lesbare Inschrift aus 32 Runen: Ek Hlewagastiẓ Holtijaẓ horna tawido (Abb. 21). Gedeutet wird sie als: „Ich Hlewagastis, der Mann aus Holt, [das] Horn machte" oder als „Ich Hlewagastis, Holtes Sohn, [das] Horn machte". Beide Deutungen sind möglich.

Viel schwieriger liegt der Fall bei der großen Spange von Nordendorf, die sich im Augsburger Museum befindet. Sie trägt auf ihrer Rückseite zwei zu verschiedener Zeit gefertigte Ritzungen, die entgegengesetzt gerichtet sind. Die eine ist dreizeilig und wird gelesen: „Loga thore / Wodan / wigi Thonar", die andere wurde bis vor kurzem gelesen als „Awa Leubwinie". Von den vielen älteren Deutungsversuchen der dreizeiligen Inschrift sei eine an die fünfzig Jahre immer wieder abgedruckte angeführt: „Die Heirat ersiege Wodan, weihe Donar!" Eine Lesung von 1933 setzte ein Doppel-r in thor[r]e an und deutete: „Möge das Grab trocknen, Wodan, weihe Donar." Am meisten befriedigt jedoch eine andere jüngere Deutung, die drei Götternamen annimmt: „Logathore, Wodan, Wigithonar."

Die Worte Awa Leubwinie wurden gedeutet als „Awa [dem] Leubwinie", also als eine Widmung einer Frau an einen Mann. Eine andere jüngere Deutung lautete: „Awa Liebes genieße!" Auf Grund einer Untersuchung der Spange mit infrarotem Licht ist jüngst gelesen worden: „Awi Leubwini." Diese beiden Worte wurden nunmehr gedeutet als „Glück dem Leubwin!" Ob damit die endgültige Deutung gefunden ist, steht dahin.

Mindestens ein Dutzend Deutungen sind schon herausgebracht worden für die gotische Runeninschrift des Goldringes von Pietroassa in Siebenbürgen. Dieses kostbare, leider schon einmal

Abb. 25. Die große Nordendorfer Spange

gestohlene und dabei durchgehackte Stück ist während des Weltkrieges aus Bukarest nach Moskau übergeführt worden. Es gehörte wohl zu einem Weihtumshort der Westgoten unter Athanarich und ist vermutlich auf dem Rückzug dieses Gotenführers vor den Hunnen zwischen 376—380 in dem siebenbürgischen Hochlande versteckt worden. Als am besten gesicherte Lesung der Runen gilt: g u t a n i o w i h a i l a g. Eine der Deutungen, die von Fachleuten starker Beachtung gewürdigt worden ist, lautet: „gutan iowi hailag" = „Dem Jupiter (d. i. Donar) der Goten heilig." Vielen Beifall hat andererseits die Deutung: „gutanio wi[h] hailag" = „Unverletzliches Eigentum der [göttlichen] gotischen Schutzmütter" gefunden.

Eine noch jüngere Deutung nimmt die *o*-Rune als Abkürzung von othal und deutet: „Der Goten Erbgut; heiliges Eigentum."

Abb. 26. Der Goldring von Pietroassa

Der Stein von Möjebro (Schweden), der um 400 angesetzt wird, ist bemerkenswert durch eine flotte bildliche Darstellung eines Reiters mit erhobenem Schwert; links unten scheint eine liegende Gestalt angedeutet zu sein. Er trägt eine linkswendige Inschrift in zwei Zeilen, die von unten nach oben aufsteigen.

Der Runenmetz hat die Raumverteilung nicht beherrscht, denn er hat noch einen Buchstaben über der zweiten Zeile anbringen müssen. Auch daß er das G kleiner als die übrigen Runen meißelte, wird sich aus mangelhafter Raumberechnung erklären. Die Runen sind deutlich. Sie ergeben unten „Frawaradas", also einen Namen, und oben a n a h a h a i s l a g i n a ẓ. Die letzten acht Runen lassen sich eindeutig ablösen; sie ergeben slaginaẓ d. h. „erschlagen". Über die Deutung der verbleiben-

Abb. 27. Der Stein von Möjebro oder Hagby

den acht Zeichen sind die Ansichten sehr auseinandergegangen. Der eine Fachmann deutet „ana hahai“ als „auf Hag“, sieht also einen Ortsnamen darin, ein anderer faßt „ana hahai“ als „zu Hengst“, und ein dritter nimmt an, daß das s von slaginaz doppelt zu lesen sei, und erhält mit dem i davor das Wörtchen is = ist. So kämen drei Deutungen heraus: 1. „Frawaradas zu Hag (heut Hagby) erschlagen“; 2. „Frawaradas zu Roß erschlagen“; 3. „Frawaradas [ist das]; Ana der Einäugige ist erschlagen“ (nämlich von Frawaradas). Eine Entscheidung, welche dieser Deutungen den Vorzug verdient, ist schwer zu treffen; sie wird stark bedingt von der Überlegung, ob der Stein zu Ehren eines Siegers Frawaradas oder als Gedächtnisstein für einen erschlagenen Frawaradas bestimmt gewesen sein wird. Letzteres ist nach der ganzen Art der Runensteine wahrscheinlicher.

Sehr schwierig war auch die Lesung und Deutung der Runeninschrift auf der Unterseite der Bodenplatte des Braunschweiger Runenkästchens, das sich im Herzog-Anton-Ulrich-Museum befindet. Es ist ein aus Walroßzahn kunstvoll geschnitztes

Abb. 28. Bodenplatte des Braunschweiger Runenkästchens

Reliquienkästchen, das aus dem Kloster Gandersheim stammt, dem es vermutlich von der Gemahlin Ottos des Großen Edith geschenkt worden war. Die Platte trägt in angelsächsischen Runen die zweimal angebrachte Inschrift: „Uritne thiis iioh chuæl iin mung Hælchio Æliea“ d. h. „Geschnitzt dies Walroßgehäuse, eingedenk Halikas, Allia“.

VON DEN DREI GESCHLECHTERN

Auf den Anhängern von Vadstena und Grumpan ist das gemeingermanische Futhark durch Punkte in drei Gruppen von je acht Zeichen eingeteilt; in dem Futhork von sechzehn Runen umfaßt die erste Gruppe 6 Buchstaben (f-u-t͡h-o-r-k), die zweite und dritte je fünf (h-n-i-a-s und t-b-l-m-R).
Aus einer isländischen Quelle ist überliefert, daß diese Gruppen dort „Geschlechter" genannt wurden und Namen hatten: *Freyrs, Hagals,* und *Tyrs Geschlecht.* Da mit Hagal wohl Odin gemeint ist, so war jede Gruppe einem nordischen Hauptgott zugeeignet.
Es ist fraglich, ob die isländische Bezeichnung aett = Geschlecht nicht erst eine spätere Sinndeutung ist und aett nicht ursprünglich „Achterreihe" bedeutet hat, was ja auf das gemeingermanische Futhark zutraf.
Die Dreiheit hat im geistigen Leben der Germanen eine große Bedeutung gehabt. Götternamen treten zu dreien auf, der Nornen waren im Norden drei, bei der Losbefragung mußten drei Lose gehoben werden, und aus dem Rechtswesen stammt der Spruch: „Aller guten Dinge sind drei."

VON DEN RUNENNAMEN

Im 10. Abschnitt der im Jahre 98 u. Zeitr. abgefaßten Germania des Tacitus steht geschrieben: „Auf Vorzeichen und Lose achten die Germanen wie nur irgendein Volk. Die Art der Losbefragung ist einfach. Aus dem Zweige eines fruchttragenden Baumes werden Stäbchen geschnitten, diese mit gewissen Marken versehen und, wie es gerade trifft, über ein weißes Tuch gestreut. Wenn in einer Angelegenheit der Gemeinschaft Rat gesucht wird, so hebt der Gesetzeswalter[7] des Gaues, wenn in der eines einzelnen, so nimmt der Hausvater unter *Anrufung* der Götter und *Aufblick* zum Himmel dreimal je ein Stäbchen *auf* und deutet ihren Sinn nach den vorher eingekerbten Marken. Sind die Zeichen ungünstig, so findet am selben Tage keine weitere Befragung über die Sache statt; sind sie aber günstig, so sucht man noch die Bestätigung durch Vorzeichen zu erlangen."

Diese Angaben des Römers werden bestätigt durch einige Eddastellen. So wird in „der Seherin Weissagung" von den Nornen berichtet:

Urd heißt die eine, die andere Werdandi:
Sie schnitten Stäbe; Skuld hieß die dritte.
Sie legten Lose, das Leben bestimmten sie
Den Geschlechtern der Menschen, das Schicksal verkündend.

---

[7] Bei Tacitus steht sacerdos = Darbringer des Opfers; es wird gewöhnlich mit „Priester" übersetzt. Aber dieses dem christlichen Sprachschatz entlehnte Wort deckt sich inhaltlich nicht mit den althochdeutschen Wörtern „Ewart" oder „Ewalt", die „Hüter" oder „Walter des Gesetzes" bedeuteten.

In der „Sage von Hymir“ heißt es:

Einst nahmen die Walgötter die erwaideten Tiere,
Zu schlemmen gesonnen, noch ungesättigt.
Sie *schüttelten Stäbe*, besahen das Opferblut
Und fanden, Ägir habe Auswahl an Kesseln.

In „Odins Runenlied“ lautet eine Stelle:

Da neigt ich mich nieder, *Nahm Runen auf.*

Auch die Sprachgeschichte stützt des Tacitus’ Bericht. Denn das Wort „Los“ (althochdeutsch „hloz“) hat ursprünglich ein „abgeschnittenes Stück Holz“ bedeutet. Das Altenglische hat dafür das Wort „tán“ bewahrt, das als „Zein“ noch im Neuhochdeutschen lebt.

In diesen Zusammenhang gehört wohl auch ein Gesätzlein in „Odins Runenlied“, das sich offenbar auf Runenkunst im Dienste der Zukunftsbefragung bezieht:

Weißt du zu ritzen? Weißt du zu raten?
Weißt du zu färben? Weißt du zu fragen?
Weißt du zu wünschen? Weißt du zu weisen?
Weißt du zu schicken? Weißt du zu schlachten?

Der volle Sinn dieser Nachdichtung erschließt sich aber erst, wenn man berücksichtigt, daß die Fragen im Urwortlaut den Sinn haben: „Weißt du, wie man ritzen soll?“ usw. Mit „raten“ ist das Ablesen und Deuten der Runen gemeint, mit „fragen“ das Erforschen des Schicksals durch die Lose, mit „wünschen“ das Beten bei dem Aufheben der Stäbe, mit „weihen“ das Opfern, mit „schicken“ das Umschicken der Opferspende bei den Festteilnehmern und mit „schlachten“ das Töten des Opfertieres. Der Fall lehrt eindringlich, daß noch so gute Nachdichtungen die Beschäftigung mit dem Urwortlaut nicht ersetzen können.

Die Losbefragung war also eine Handlung, die mit ehrfürchtiger Scheu vorgenommen wurde. Dem tieffrommen Sinn der

Germanen war es Bedürfnis, vor allen entscheidenden Schritten sich der Zustimmung der waltenden Mächte (der *Rater)* zu vergewissern. So werden die dazu verwendeten „Zeichen", wie das von Tacitus gebrauchte Wort nota gewöhnlich übersetzt wird, *heilig* und *sinngeladen* gewesen sein.
Es empfiehlt sich, diese Zeichen „Marken" zu nennen, da gerade in Verbindung mit Runen der Wortstamm „merken" (mit einem Merkzeichen versehen) öfters belegt ist. So heißt es z. B. im Beowulfliede von einem Schwertgriff in der Nachdichtung Moritz Heynes:

In Runenstäben auch
War auf den goldnen Schienen recht vermerkt,
Gesetzet und gesagt, wem dieses Schwert,
Der Klingen Kleinod, sei zuerst gewirkt,
Das schillernde mit schön gewundnem Griffe.

Es ist im neunzehnten Jahrhundert und im ersten Viertel des zwanzigsten immer wieder gefragt worden, ob man die „Noten" des Tacitus als „Runen" fassen dürfe. Solche Forscher, die unter Runen nur die Schriftzeichen der Germanen verstanden wissen wollten, wiesen darauf hin, daß der Römer nicht das Wort „litera" = Buchstabe, sondern eben „nota" gewählt habe. Wohl war schon 1852 betont worden, daß es sich um „notae characteristicae", d. h. Kennzeichen und zugleich Anlautzeichen, handeln müßte. Aber erst 1937 ist dem langen Streit ein Ende gemacht worden durch den Nachweis, daß Tacitus mit gutem Bedacht das Wort „nota" gewählt hat; denn im lateinischen Sprachgebrauch bezeichnete es nicht einen einzelnen Abc-Buchstaben, sondern den Anfangsbuchstaben eines abgekürzten Wortes, das es vertrat — z. B. S. C. = senatus consultum = Senatsbeschluß. Offenbar hatte Tacitus von seinen germanischen Gewährsmännern erfahren, daß die in die Loshölzchen gekerbten Marken ein ganzes Wort vertraten. So entsprachen sie in der Tat äußerlich den römischen Noten, von denen sie sich jedoch durch ihre religiöse Bedeutung unterschieden.

Daß die Runen ursprünglich Merk- oder Kennzeichen für Vorstellungen und Begriffe aus der sichtbaren und der geistig-seelischen Welt der Germanen gewesen sein werden, läßt sich aus den Runen-Namen folgern. Die Kenntnis dieser Namen verdanken wir Aufzeichnungen aus deutschem, englischem und nordischem Bereich. Die Namen der altenglischen Runen sind in Handschriften und in einem Runenlied von 29 Gezeilen (Strophen) überliefert. Die Namen der nordischen Runen sind für die Sechzehnerreihe belegt durch das „Abecedarium Nordmannicum" des Klosters St. Gallen aus dem neunten Jahrhundert, durch eine Leidener Handschrift des zehnten Jahrhunderts, durch ein norwegisches Runenlied aus dem dreizehnten Jahrhundert und durch ein isländisches Runenlied, dessen Niederschrift wohl jünger ist als das norwegische.

Zu diesen Zeugnissen kommt die Aufzeichnung der gotischen Buchstabennamen in einer Wiener Handschrift aus dem achten Jahrhundert, der Zeit des Angelsachsen und Hofgelehrten Kaiser Karls Alhwine, der verlateint als Alcuin bekannt ist. Diese gehen wohl auf die Mitteilung eines Westgoten aus Südfrankreich zurück; sie lehren, daß die Buchstaben der gotischen Bibelschrift Namen trugen, die aus dem alten Runenfuthark übernommen waren.

Aus diesen Quellen hat man folgende Begriffsgeltungen für das gemeingermanische Futhark erschlossen:

1. *f Vieh*, Habe, Besitz (Hausgetier)
2. *u Urstier* = Auerochse (Jagdwild)
3. *th Thurse* = Riese (lebensfeindliche Macht)
4. *a Ans* = Ase (hilfreicher Freundgott)
5. *r Ritt* oder Wagen (Reise, Fortbewegung, Wanderung)

6. *k Kienspan* oder -fackel (häusliches Leben)
7. *g Gabe* (freudige Überraschung?)
8. *w Wonne* oder *Weide* (gesicherte Nahrung)
9. *h Hagel* (jähes Verderben; Fern- und Nahkampf)
10. *n Not* (leidiger Zwang jeder Art)
11. *i Eis* (tückisches Verderben, Tod)
12. *j Jahr* (Zeitenlauf, Jahressegen als gute Ernte)
13. *ẹ Eibe* (immergrüner Baum, Sieg des Lebens)
14. *p ?* (nur im altenglischen Runenlied als „peorth" erhalten. Der Sinn ist noch nicht ermittelt. Vielleicht Zeugungskraft.)
15. *ẓ Elch* (Abwehrkraft gegen Feinde)
16. *s Sonne* (siegende Kraft)
17. *t Tiw* = Ziu (Himmels- und Kriegsgott)
18. *b Birke,* Birkenreis (junges, sprießendes Leben)
19. *e Roß* (heiliges Tier, Künder göttlichen Willens)
20. *m Mann,* Mensch (Gemeinschaft)
21. *l Lache,* Wasser (Lebensgrundstoff?)
22. *n͡g Ing* (Fruchtbarkeit)
23. *o Odal* (Erbgut, Heimat)
24. *d Tag* (lebenweckendes Licht).

Es ist heut nicht mehr in jedem Fall möglich, eine lautliche Anfangsentsprechung zu jedem Namen zu geben. Eis lautet heut nicht mehr mit *i* an, den t͡h-Laut hat das Deutsche aufgegeben, das alte germanische Wort für Pferd, das mit *e* begann, ist abgestorben usw. Das V in Vieh stört das Bild.

Beachtlich sind die Wörter religiösen Wertinhaltes: Riese, Ase, die Götter Ziu und Ing. Falls „Mann" ursprünglich den bei Tacitus erwähnten Stammvater Mannus gemeint hat, würde er auch dazu gehören. Der Runenname Roß gemahnt an Tacitus Germania 10: „Man meint, daß die [heiligen] Rosse Mitwisser [der Götter] seien."

Eine gewisse Paarung der Begriffe ist unverkennbar: zahmes und wildes Getier, lebenfördernde und lebensfeindliche Mächte und Jahreszeiten, Heimatliebe und Wanderlust, Freude an beweglicher Habe und an Landbesitz, Gedeihen und Not stehen sich teils als entgegengesetzte, teils als verwandte Begriffe gegenüber. Es ist die Welt des germanischen Bauern im altdeutsch-nordischen Siedlungsraum, die sich darin widerspiegelt. Das ist schon um 1850 erkannt und ausgesprochen worden und nach 1930 in scharf- und feinsinniger Art weiter ausgebaut worden.

Die Runennamen umspannen den ganzen religiösen Begriffskreis der germanischen Welt. Sie lassen ahnen, wie die Beantwortung der an das Schicksal gerichteten Frage beim Loswurf geschah: je nach dem günstigen oder ungünstigen Begriffsinhalt der aufgehobenen Lose mußte der Stabreimspruch gefunden werden, der die Antwort ergab. Das Fachwort für das „Raten" und Deuten der Runenmarken „rédhan" lebt noch heut im englischen to read für „lesen".

Tacitus sagt, daß nicht bloß der vom Gau bestallte Ewart, sondern auch jedes Sippenhaupt die Frage an das Schicksal stellen konnte. Daraus folgt, daß die Runen und die mit ihnen verknüpften Begriffe Gemeingut aller freien Germanen gewesen sein müssen. Zur Aneignung der Namenreihe mögen nach dem germanischen Brauch der schriftlosen Frühzeit Merkverse gedient haben. Ein Niederschlag solcher Merkgezeile dürfte in den Runenliedern erhalten sein.

Ihre Niederschrift ist indessen erst nach dem Beginn der mit der Bekehrung einsetzenden Schreibzeit, also viele Jahrhunderte nach Tacitus erfolgt. Der ursprüngliche Wortlaut muß daher Abänderungen ausgesetzt gewesen sein. Dafür zeugt u. a. im altenglischen Runenliede der Name **thorn** (Dorn) für thurs (Riese); vermutlich ist christliche Scheu der Anlaß gewesen, den heidnischen Begriff durch einen unverfänglicheren zu ersetzen.

Wie der Wandel der Sprachen im Laufe der Zeiten auch eine Umdichtung der alten Verse bedingt haben wird, zeigt folgendes. Die vierte Rune ansuẓ (Ase) wurde im Altenglischen zu ós und dieser religiöse Begriff dann aus christlicher Abneigung durch das gleichklingende ós = Mund sowie in dem ebenfalls christlich gefärbten norwegischen Runenlied durch óss = Flußmündung ersetzt. Aber das isländische Gedicht hat die alte Bedeutung „Ase“ gewahrt.

Um eine Vorstellung von den Runenliedern zu vermitteln, sei je ein Gezeil aus dem altenglischen (a), dem norwegischen (b) und dem isländischen (c) Merkgedicht geboten:

a (16). Die Sonne (sigel) ist den Seefahrenden immer eine Freude, wenn sie fahren über Fisches Bad oder das Meerroß sie zu Lande bringt.

b (11). Sonne ist der Lande Licht. Ich beuge mich vor dem Heiligen.

c (11). Sonne ist der Wolken Schild und schirmender Strahlenkranz und der Eismassen Zerstörer.

Das kürzeste und inhaltlich wohl älteste dieser Merkgedichte ist das schon erwähnte sog. „normannische Abc“ des Klosters St. Gallen, das auf neuhochdeutsch frei so vermittelt sei: „*V*ieh vorne, / *U*r darauf, / *Th*urs dritter Stab. / *A*s ist ihm über. / *R*ad zum Schlusse ritz! / *K*ien daran klebt. / *H*agel *N*ot hat. / *E*is, Ernte-*A*rbeit und *S*onne. / *T*iu, *B*irke und *M*ann inmitten. / *L*ache die lichte. / Schluß-*R* alles beschließt.“[8]

[8] Die Urschrift beginnt mit feu; statt des F muß in deutscher Rechtschreibung ein V gesetzt werden. Die fünfzehn Anlautbuchstaben sind vom Verfasser gesperrt. Bei Eis vgl. Island. Die letzte Rune mit dem Namen „Yr“ (Eibe, Bogen) war das Schluß-R, also kein Anlautzeichen.

Die Sprache dieses Gedichtes ist ein Gemisch von Wortformen nordischen, altsächsischen und althochdeutschen Gepräges, ein Zeugnis dafür, daß es aus dem Norden über Niedersachsen nach Oberdeutschland gewandert ist. Die Gesamtfassung ist dabei gestört und verstümmelt worden. In der überlieferten Gestalt besteht es aus elf durch Stabreim gebundenen Versen.

Die Namen des norwegischen Sechzehner-Futhorks lauten: 1. fé (Vieh); 2. úr (Schlacke); 3. t͡hurs (Riese); 4. óss (Flußmündung); 5. reid͡h (Ritt); 6. kaun (Geschwür); 7. hagal (Hagel); 8. naud͡h (Not); 9. ís (Eis); 10. ár (Erntesegen); 11. sól (Sonne); 12. týr (Tyr); 13. bjarkan (Birkenreis); 14. mad͡hR (Mann); 15. logr (Wasser); 16. ýr (Eibe).

Es ist bemerkenswert, daß unter den Runennamen des gemeingermanischen Futharks nur die ältesten Göttergestalten wie Tiwas und Ingwas genannt sind. Das läßt schließen, daß die ersten Gedichte dieser Art in alten Zeiten entstanden sind. Tacitus sagt nichts über die Gesamtzahl der benutzten Marken. Es ist daher möglich, daß ihre Zahl sich nicht deckt mit den vierundzwanzig Buchstaben des Futharks.

Wohl mit Recht ist gefolgert worden, daß die späte, trümmerhafte Überlieferung der Runennamen ein verworrenes Bild zeigt und ehemalige fromm-heilige und weltlich-alltägliche Bezeichnungen und Neubildungen nebeneinander geraten sind: unverständlich gewordene alte Namen dürften durch gleichlautende anderer Bedeutung oder durch doppelsinnige ersetzt worden sein. Ursprünglich aber wird das Futhark die religiöse Offenbarung des Weltgeschehens in germanischer Sicht versinnbildlicht haben.

ZUR ZEITANSETZUNG DER RUNENDENKMÄLER

Wo Runensteine geschichtlich bekannte Namen und Ereignisse nennen, läßt sich ihre Entstehungszeit wenigstens annähernd genau erfassen. Das gilt z. B. von dem „großen" und dem „kleinen Sigtryggstein", die im Museum Vaterländischer Altertümer zu Kiel aufgestellt sind. Sie heißen auch die „Wedelspangsteine" I und II nach der Gemarkung Wedelspang bei der Oldenburg (Haithabu), deren Namensteil „Wedel" auf eine alte Furtstelle deutet. Denn in dem schmalen Wiesendamm, der auf die Furt zwischen dem Haddebyer und dem Selker Noor, den südlichen Ausbuchtungen der Schleiförde, zugeht, ist 1796 der „große Sigtryggstein" gefunden worden. Er war dort als Trittstein benutzt worden. Seine Inschrift lautet auf deutsch etwa so: „Asfrid machte dieses Grabmal nach Sigtrygg, ihrem Sohn, auf der geweihten Grabstätte Knubas." Sie wird ergänzt durch die Runen des kleinen Sigtryggsteines, der 1887 im Grundgemäuer des Gottorper Schlosses bei Schleswig zum Vorschein kam. Die Königin Asfrid, die Witwe des von König Heinrich I. dem Vogler 934 besiegten Königs von Haithaby Knuba, ließ beide Steine zum Gedächtnis ihres 943 in der Normandie gefallenen Sohnes errichten. Also können sie um 950 angesetzt werden.

Aber die meisten Runendenkmäler entbehren solcher Angaben. Verhältnismäßig günstig liegt der Fall dann immerhin noch, wenn es sich um Bodenfunde aus Gräbern, Mooren oder künstlichen Wohnhügeln handelt, bei denen durch dabei mitgehobene Münzen oder Altsachen eine Zeitansetzung mit einem gewissen Spielraum möglich ist. So kam z. B. mit der Spange von Freilaubersheim eine Münze des Ostgotenkönigs Badwila (541—552), der unter seinem Kindnamen Totila bekannt ist, zutage. Das Grab dürfte demnach in die zweite Hälfte des sechsten Jahrhunderts gehören.

Aus einem Moorfund stammt der Schwertscheidenbeschlag von Thorsberg in Nordschleswig, der im Kieler Museum liegt. Es wurden 37 römische Silbermünzen mitgehoben, deren Prägezeiten zwischen 60 und 194 u. Zeitr. liegen. Da sich in jüngster Zeit ergeben hat, daß die Niederlage von Weihegaben auf dieses Moor wahrscheinlich durch Jahrhunderte fortgesetzt worden ist, bis die Angeln nach England abzogen, so muß mit einem Spielraum von wenigstens zwei Jahrhunderten gerechnet werden, so daß etwa um 400 die Ritzung denkbar ist.

Vielfach ist der Runenforscher bei der Zeitansetzung von Runenfunden auf die Hilfe der Altertumskundler und Vorgeschichtler angewiesen, die aus der Gestalt, der Verzierung und der Herstellungsart des Stückes Schlüsse zu ziehen vermögen.

Sehr wichtig im Dienste der Zeitbestimmung zu Runenzwecken sind die sog. *Brakteaten*[9], einseitig mittels eines Holzstempels geprägte münzengroße, dünne, kreisrunde Gold- oder Silberblechscheibchen, die als Anhänger getragen wurden und zugleich als Schmuck und als Schütznisse dienten. Sie stammen vorwiegend aus dem sechsten Jahrhundert. (Siehe Abb. 4).

Bei vielen Denkmälern, z. B. den ältesten Steinen Südnor-

[9] Der Name kommt von dem lateinischen Wort bractea (dünne Platte), das zur Bezeichnung der einseitig beprägten Münzen des Mittelalters dient. Das Wort ist ziemlich unpassender Weise auf die als Schutzdinge getragenen Schmuckstücke angewendet worden.

wegens und Schwedens, ist man auf die Gestalt der Runen selbst als Leitformen angewiesen. Dabei spielen die Entwickelungsstufen der *k*- und der *j*-Rune eine besonders wichtige Rolle. Die S. 23 gegebenen Formen des K seien daraufhin betrachtet. Die seitlich geöffneten gerundeten oder eckigen Kleinformen sind die ältesten Gestalten und gehören der Zeit vom dritten bis zum sechsten Jahrhundert an, die nach unten geöffnete schwebende Rune wird in die Mitte des sechsten Jahrhunderts gesetzt, die an ein Stielchen gehängte, nach unten geöffnete Form dürfte in die gleiche Zeit fallen. Damit ist die Stielung eingeleitet, die die Rune auf Normalhöhe bringt. Im siebenten Jahrhundert tritt das Zeichen mit den Gabelzinken nach oben oder nach unten gerichtet auf. Im achten Jahrhundert weist das Zeichen in England einen Hauptstab auf, von dessen Mitte nach rechts unten ein Kennstab zieht, während im Norden der Kennstab von der Mitte nach oben geht.

Um der Wichtigkeit des Gestaltenwandels der Runen willen ist oben wiederholt auf die Zeiten hingewiesen worden, in denen solche Formänderungen in Erscheinung getreten sind. Sie sind die Meilensteine der Entwickelung vom gemeingermanischen Futhark zu den späteren Runenreihen.

ZUM URSPRUNG DER RUNENSCHRIFT

Die gelehrte Beschäftigung mit dem Runenwesen ist im sechzehnten Jahrhundert von den schwedischen Geschichtsschreibern Johann und Olaf Store eingeleitet und bis zum neunzehnten Jahrhundert überwiegend von nordischen Gelehrten gefördert worden. Unter ihnen verdient besonders der Däne Ole Worm genannt zu werden.

Obwohl diese Männer von der Bodenständigkeit der germanischen Schrift überzeugt waren, glaubten sie unter dem Einfluß der biblischen Offenbarungslehre die Runen von der hebräischen Schrift ableiten zu müssen. Erst der Schwede E. Benzelius suchte im achtzehnten Jahrhundert den Ursprung der Runenschrift bei den ältesten griechischen Buchstaben.

Den ersten Anlauf zur Schaffung einer wissenschaftlich gerichteten Runenforschung nahm der deutsche Sprachgelehrte Wilhelm Carl Grimm 1821. Sein Verdienst ist umso höher zu bewerten, als zu seiner Zeit noch kein einziges deutsches Runendenkmal gefunden war. Er war überzeugt, daß die alten Deutschen ein ihnen eigentümliches Alphabet gehabt hätten, und urteilte: „Es wäre unbegreiflich, daß die Deutschen bei der frühen und häufigen Berührung mit den Römern ein ohne Zweifel sogleich bemerktes Bildungsmittel sich nicht zugeeignet hätten." Er war also der Ansicht, daß die Germanen Altdeutschlands durch die Schreibkunst der Römer angeregt worden sein könnten, sich etwas Ähnliches selbst zu schaffen.

Seine zeitgenössischen Mitgelehrten wagten indessen nicht, den alten Deutschen so große geistige Schöpferkraft zuzutrauen. 1852 erklärte v. Liliencron: „Ist hiermit gesagt, daß unsere Vorfahren schon in jener Urzeit schrieben, und zwar mit einheimischen Buchstaben? Ich sage: nein! Die Runen waren eine Reihe von mystischen Zeichen." Er sah also in den Runen heilige Marken, aber noch keine Schriftzeichen. So blieb kein anderer Schluß übrig, als daß die Runenschrift eine Entlehnung aus den lateinischen Großbuchstaben darstelle — eine Ansicht, die Rühs schon 1812 vertreten hatte.

Im letzten Viertel des neunzehnten Jahrhunderts unternahm es dann der dänische Gelehrte Ludwig Wimmer, die Entlehnung der Runen aus den römischen Inschriftenbuchstaben formvergleichend bis in alle Einzelheiten nachzuweisen. Er urteilte, die Runenschrift sei bei einem der südlichen Germanenstämme („natürlich an einer einzigen Stelle und — können wir hinzufügen — von einem einzigen Manne") gebildet worden und habe sich von dort aus allmählich zu den anderen Stämmen verbreitet.

Wimmers Arbeit war eine dringend erforderliche und überaus förderliche Leistung, die noch immer nachwirkt. Seine Lehrmeinung beherrschte denn auch ein Vierteljahrhundert die Gelehrtenwelt und darüber hinaus die öffentliche Meinung.

Aber nicht alle Teile seines Lehrgebäudes waren auf festen Grund gebaut. Allmählich wurden doch Risse sichtbar und Bedenken laut. So warf der Norweger Sophus Bugge die Frage auf, ob nicht das griechische Alphabet für einige Runen die Vorbilder geliefert haben dürfte.

Viel weiter ging zu Beginn des zwanzigsten Jahrhunderts der schwedische Gelehrte Otto v. Friesen. Er trat mit der Lehrmeinung hervor, die Goten hätten die Runenschrift in ihrem südosteuropäischen Reiche infolge ihrer Berührung mit der griechisch-lateinischen Kulturwelt geschaffen und mit vielen anderen Kulturanregungen an die Germanenstämme Mittel- und Nordeuropas vermittelt. Er stützte sich bei Vergleichungen der Buchstaben auf die griechische Geschäftsschrift (Kursiv-Schrift).

Friesens Mutmaßung drängte Wimmers Lehre stark zurück und nahm wiederum ein Vierteljahrhundert lang eine vorherrschende Stellung ein. Sie wurde erst durch neue Funde erschüttert, besonders durch den von Övre Stabu in Norwegen. Da eine dort mitgehobene Lanzenspitze mit der Runeninschrift raunijaẓ = Erprober in die Zeit nach 200 u. Zeitr. angesetzt worden ist, muß die Runenschrift bereits vor der Ankunft der Goten am Schwarzen Meer (236) vorhanden gewesen sein, und zwar erst recht, wenn das Speerblatt markomannischer Arbeit sein sollte (siehe Abb. 35).

Infolgedessen trat 1928 der norwegische Forscher Carl Marstrander mit der Vermutung auf, die Runen seien wahrscheinlich im Markomannenreich Marbods entstanden, und zwar durch die Anpassung eines nordetruskisch-keltischen Alphabetes, das sich unter lateinischer Beeinflussung in den keltischen Randgebieten der Westalpen gebildet habe, an die Bedürfnisse der germanischen Sprache; Schriftreihen von der Art derjenigen von Sondrio und Lugano dürften die Vorbilder gewesen sein.

Dieser Mutmaßung hat sich 1929 der nordische Forscher Magnus Hammarström in Helsingfors angeschlossen. Auch in Deutschland erklärten viele namhafte Germanenkundler diese „norditalische" Entlehnungslehre für die wahrscheinlichste.

Der deutsche Hochschullehrer G. Baesecke suchte 1934 die Entstehung des Futharks bei den im Neckargebiet sitzengebliebenen Kimbern und Teutonen.

Ebenfalls auf die Kimbern verwiesen F. Altheim und E. Trautmann 1939, aber auf den Hauptstamm; sie fragten, ob nicht zum mindesten einer Gruppe von Kimbern vor der Schlacht bei Vercellae (101 vor u. Zeitr.) in den Alpen die Anregung zur Schöpfung des Futharks zugekommen sein könnte.

Der schwedische Gelehrte S. Agrell hat eine 1938 veröffentlichte Arbeit hinterlassen, in der er vermutet, die Runenschrift sei auf die römische Geschäfts(Lauf)-Schrift, wie sie in Pompeji und am germanischen Pfahlgraben (Limes) zutage gekommen sei, zurückzuführen.

Gegen alle drei Entlehnungslehren — die lateinische, die griechische und die norditalische — sprach sich 1929 der deutsche Germanenforscher Gustav Neckel aus. Er urteilte, keine vermöge restlos zu befriedigen, da keine auskomme, ohne auf zwei Alphabete zurückgreifen zu müssen. Er vertrat die Ansicht, die unleugbaren Übereinstimmungen der südlichen Schriftreihen mit dem Futhark ließen sich am ehesten durch Urverwandtschaft erklären. Er wies 1933 auf vorgeschichtliche runenähnliche Zeichen hin, z. B. auf das altinschriftlich reich belegte Zeichen ↑, das als Tyr-Rune im Futhark vertreten ist, und auf das Heilszeichen ⊓ in der Grotte des Externsteinfelsens.

Daß nicht alle Runen befriedigend aus den südlichen Alphabeten ableitbar sind, hat den deutschen Hochschullehrer Hermann Güntert veranlaßt, 1934 zu schreiben, die widerspruchsvollen Ansichten über die Herkunft der Runenschrift müßten zu einem guten Teil darauf zurückgeführt werden, daß man nicht streng unterscheide zwischen dem *Runen-Alphabet* einerseits als einer geschlossenen, festgeordneten Buchstabenreihe und andererseits zwischen *einzelnen Marken, Zeichen* und *religiösen Sinnbildern,* wie sie seit sehr alten Zeiten nachweisbar sind (↑, ᛉ, † usw.). Güntert vertrat die Überzeugung, daß derartige uralte Weihzeichen vereinzelt zu wirklichen Buchstaben und zu Schriftzeichen im späteren germanischen Runenalphabet geworden seien. Für diese seine Behauptung berief er sich auf Wulfilas Vorgehen bei der Schöpfung des gotischen Alphabets, wo er einheimische Runenzeichen in sein neu zusammengestelltes, vorwiegend auf den griechisch-römischen Buchstaben beruhendes Alphabet herübernahm.

Auch der deutsche Hochschullehrer Wolfgang Krause vertrat 1937 die Ansicht, daß die im Futhark vereinigten Runen eine zwiefache Herkunft haben dürften: als Lautzeichen ließen sie sich größtenteils aus norditalischen Buchstaben herleiten, aber ihre Begriffsbedeutung wurzele in vorrunischen Sinnbildern; ein Teil der Runenzeichen weise mehr oder minder große Ähnlichkeit mit einigen vorrunischen Begriffszeichen auf; das gelte z. B. von der *t*-Rune, die einem pfeilartigen Zeichen entspricht, das sich schon im siebenten Jahrhundert vor u. Zeitr. auf bastareischen Gesichtsurnen findet. Diese seine Auffassung von der „Doppelgesichtigkeit" der Schriftrunen hat Krause 1938 weiter ausgeführt und urteilt, daß am sichersten die Runen für *f*, *a*, *h*, *s*, *t* und *o* als Begriffszeichen bezeugt sind.

Durch die Anerkennung einer Zweiwurzeligkeit der Runenschriftzeichen sowohl in der heimischen wie in fremder Scholle ist ermöglicht worden, daß der Gegensatz zwischen den Vertretern der Eigenschöpfung der Runen und denen einer Entlehnung sich gemildert hat und ein gewisser Ausgleich eingetreten ist. Gustav Neckel hat 1938 als Grundlage für ihn den Satz geprägt: „Dem Gebrauch der Runen als *Schrift* geht ihr Gebrauch als *Begriffssymbole* voraus[10]."

[10] Acta Philologia Scandinavica 1938 S. 102.

VOM ALTER DER RUNENSCHRIFT

Der schon genannte schwedische Erzbischof Johann Store (Johannes Magnus) hatte um 1540 gemeint, die Runensteine seiner Heimat stammten aus der Zeit „vor oder kurz nach der Sintflut". Diese seine Folgerung war bedingt durch die geistigen und seelischen Bindungen seiner Zeit. Solange nicht die Notwendigkeit klar erkannt war, zwischen den vorrunischen heiligen Sinnzeichen der Germanen und den Futharkrunen zu unterscheiden, konnte die Altersschätzung der Runenschrift stark schwanken. Bis ins dritte Jahrzehnt unseres zwanzigsten Jahrhunderts ist auch von namhaften Runenfachleuten erwogen worden, ob nicht die Runenschrift bis in die ältere Eisen- oder gar in die letzte Bronzezeit zurückreichen könnte. Noch 1936 plante ein anerkannter Runenforscher eine entsprechende Beweisführung.

Wimmer sah sich durch seine lateinische Entlehnungslehre genötigt, die Entstehung der Runenschrift ans Ende des zweiten oder in den Beginn des dritten Jahrhunderts u. Zeitr. zu verlegen. O. v. Friesen rückte sie in die zweite Hälfte des dritten Jahrhunderts u. Zeitr. Marstrander nahm an, das Futhark sei um den Beginn unserer Zeitrechnung in Marbods Reich entstanden, Hammarström rückte seine Schaffung in die Zeit um 100 vor u. Zeitr. Der deutsche Hochschullehrer Heinrich Hempel verwies 1935 darauf, daß schon um 530 vor u. Zeitr. kleinere Germanenstämme in den Westalpen ansässig gewesen sind und als Hilfsvölker der oberitalischen Kelten — als „Gaisaten"

d. h. Speermänner — gegen die Römer mitgefochten haben; eine Ausbildung der Runenschrift unter vermutlich keltischer Vermittlung sei so erklärbar. Agrell endlich hat zuletzt die Entstehung in die Jahre zwischen 63—142 u. Zeitr. gesetzt.
Den Zeitpunkt der Schaffung des Futharks genau festzulegen, könnte nur durch neue Funde ermöglicht werden. Aber wenn, wie mit gutem Grund anzunehmen ist, die ältesten Runenzeugnisse in Holz gekerbt worden sind, so ist bei der Vergänglichkeit dieses Stoffes die Aussicht auf solche Belege äußerst gering.
Immerhin wirft die von Heinrich Hempel gestellte Frage, ob die Germanen ein Bedürfnis nach einer Schrift gehabt haben können, ein gewisses Licht in das Dunkel. Nach Tacitus bestand die Überlieferung und Geschichtsübermittelung der Germanen in alten Liedern. Sie waren ja ein Volk wehrhafter Bauern. Bei ihnen gab es keine Stadtstaaten wie die, aus denen die Weltreiche des Morgenlandes und des Mittelmeerraumes hervorgegangen sind. In den Germanenlanden gab es daher keine auf engstem Raum zusammengedrängten Menschenanhäufungen, keinen auf Geschäftsgewinne ausgehenden Großhandel, keinen Verwaltungsstand und keine Schriftstellerei. Es fehlte daher ein ausreichender Antrieb zur Schaffung einer Geschäftsschrift.
Das hindert freilich nicht, daß führende Männer und kluge Köpfe den Wert der Möglichkeit, schriftliche Botschaften und Mitteilungen zu versenden, erkannt haben, wenn oder nachdem sie dergleichen bei angrenzenden fremdstämmigen Völkern wie den Kelten oder in der Fremde beobachtet hatten. Diese Erwägung hat wohl W. C. Grimm zu seinem Urteil bestimmt, das gerade bei dem heutigen Stand der Runenforschung erhöhte Beachtung verdient.

Tacitus erwähnt keinen Fall des Gebrauches einer germanischen Schrift. Wohl aber berichtet er zweimal, daß germanische Fürsten Briefe geschickt haben, nämlich der Markomannenkönig Marbod an den Kaiser Tiberius und der Chattenfürst Adgandester an den Senat. Er sagt nicht, in welcher Sprache und Schrift diese Briefe abgefaßt gewesen seien. Es ist jedoch anzunehmen, daß sie in römischer Sprache und Schrift gehalten gewesen sein werden, die der in römischer Bildung erzogene Marbod ja beherrschte und die auch dem Hessen Adgandester bei der Nähe der römischen Rheingrenze nicht unbekannt geblieben sein dürften. Schwer ins Gewicht fällt dabei, daß Tacitus nicht das leiseste Erstaunen über den Schriftgebrauch der beiden Germanen äußert.
Wenn diese Gedankengänge einen berechtigten Kern haben, so legen sie nahe anzunehmen, daß der Anreiz zur Schaffung der Runenschrift bei den Germanenstämmen am Rhein am stärksten gewesen sein wird. Lehrreich ist in diesem Zusammenhang ein Fall, den der römische Geschichtsschreiber Ammianus Marcellinus berichtet hat. Der Kaiser Valentinian I. hatte 373 u. Zeitr. die rechtsrheinischen Alemannengaue an der Mainmündung schwer heimgesucht und einige Gaufürsten genötigt, sich mit ihren Gefolgschaften in das römische Heer einstellen zu lassen. Einer von diesen, namens Hortar, wurde ein paar Jahre danach beschuldigt, „gewisse Dinge in landesverräterischer Absicht" an seine frei gebliebenen früheren Mitfürsten „geschrieben zu haben", und nach einer Folterung mit Feuer hingerichtet. Offenbar hat es sich dabei um einen Brief politisch-militärischen Inhalts gehandelt. Ammian sagt nicht, ob das Schreiben in lateinischer Schrift oder in Runen abgefaßt war. Die Möglichkeit, daß es sich um einen Runenbrief gehandelt hat, ist unbestreitbar, und da in diesem Fall ein Deutscher an

Deutsche schrieb mit dem Wunsche, ihnen nicht für Römeraugen berechnete Mitteilungen zu machen, so spricht die größere Wahrscheinlichkeit für die Benutzung von Runen. Irgendwelches Erstaunen bezeigt auch Ammian nicht.

Der Fall lehrt immerhin, daß W. C. Grimm richtig gesehen haben dürfte, als er schrieb: „In einer solchen Zeit steht die Schrift in einem ganz anderen Verhältnis, als wir gewohnt sind, sie zu erblicken. Sie wird als gelehrte Kenntnis von wenigen besessen, nur von denen, welchen die Erhaltung und Fortpflanzung des Geistigen obliegt." Für die Männer, welche die deutschen Stämme führten, ist also das Wissen um die Runen als eines Mittels zur Verständigung anzunehmen.

Wann und wo einem geistig regen Südgermanen zuerst der schöpferische Gedanke gekommen ist, eine zu gleichem Zweck wie das Abc brauchbare Buchstabenreihe aufzustellen, bleibt bei alledem noch immer im Dunkeln. Als ein Beispiel dafür, mit welchem Scharfsinn die Gelehrten sich abmühen, dieses Dunkel zu erhellen und welche Wichtigkeit dabei der Vergleichung der Buchstabenformen zukommt, sei zum Schluß noch folgendes erwähnt. Das runische r-Zeichen **R** hat überwiegend einen Kennstab, der den Hauptstab nur oben berührt, nicht aber auch in der Mitte. Bei dem römischen Großbuchstaben R berührt der geschwungene Teil den senkrechten zweimal, und zwar vom zweiten Jahrhundert vor u. Zeitr. ab, während in älterer Zeit auch das lateinische R „offen" war. Daraus ist nun gefolgert worden, daß das offene runische R dafür spreche, daß das Futhark geschaffen worden sein müsse, bevor das römische R die geschlossene Form annahm. Aber gegen diesen Schluß ist 1938 geltend gemacht worden, daß das offene lateinische R neben dem geschlossenen in der Kursivschrift der römischen Kaiserzeit auftritt.

DIE RUNEN ALS GEBRAUCHSSCHRIFT

Wer als volksbewußter Deutscher davon überzeugt war, daß die Germanen der Bronze- und der Eisenzeit an Kultur keinem anderen europäischen Volke nachgestanden haben, bemühte sich meist auch, ihnen zur Wahrung ihrer Kulturehre eine eigenständige Schrift zuzusprechen. Davon ist man jedoch abgekommen. Man macht heute den geistigen Rang eines Volkes und seine Kulturhöhe nicht mehr von dem Besitz einer bodenständigen Schrift abhängig. Daß die Germanen ein in jeder Beziehung schöpferisch hoch veranlagtes Volk gewesen sind, obwohl sie ohne Bücher ausgekommen sind, gilt heute als unanfechtbare Tatsache.

In welchem Umfange die Süd- und Nordgermanen die Runen zu schriftlichen Mitteilungen benutzt haben, ist schwer zu sagen. Das schon erwähnte Zeugnis des Venantius deutet auf Runenbriefe bei den Franken. In die Lande der Nordgermanen führt eine Mitteilung aus dem Leben Ansgars, nach der ihm der Schwedenkönig Björn 831 u. Zeitr. Schriftzeichen, die er „mit eigener Hand nach Landesbrauch zusammengesetzt hatte", an Kaiser Ludwig I. mitgegeben habe. Daß es sich dabei um einen Runenbrief — vielleicht in Rinde geschnitten — gehandelt haben wird, liegt nahe zu vermuten.

Im altnordischen Schrifttum wird sowohl in der Lieder-Edda wie in den Sagas (Familiengeschichten) mehrfach von Runenstäben gesprochen, die zu Mitteilungszwecken verschickt wurden. So heißt es z. B. im grönländischen Lied von Atli:

Klug war Kostbara und kundig der Runen.
Sie besah die Lautstäbe bei des Lichtes Schein
Und zwang die Zunge zu zwiefachem Anschlag:
Denn sie schienen umgeschnitzt und schwer zu erraten.

Das Lesen der runenkundigen Frau geschah also laut wie bei unseren Lesefibel-Schützen. Es heißt dann weiter:

Von Haus willst du, Högni: hüte dich wohl!
Nicht viele sind vollklug: fahr' ein andermal!
Ich erriet die Runen, die dir ritzte die Schwester:
Nicht hat dich die lichte geladen zu Haus.

Eins fiel mir auf: ich ahne noch nicht,
Was der Weisen begegnete, so verworren zu schneiden.
Denn so war es angelegt, als lauschte darunter
Euch tückisch der Tod, trautet ihr der Ladung;
Doch ein Stab fiel aus oder andre fälschten es.

Kulturgeschichtlich bedeutsam ist hierbei, daß die Töchter der Adelssippen die Runenschrift beherrschen.

Der dänische Geschichtsschreiber Saxo Grammaticus (1150 bis 1216) berichtet in seiner lateinisch geschriebenen „Dänischen Geschichte": „Mit ihm [Amleth] reisen zwei Boten Fengos, die auf Holztafeln eingekerbte Buchstaben — denn so sahen bekanntlich einstmals die Briefe aus — bei sich hatten. In diesem Brief wurde der englische König gebeten, den jungen Mann aus dem Wege räumen zu lassen." Amleth (Hamlet) schnitzt die Runen heimlich um in die Aufforderung, die Boten beiseite zu schaffen, ein sagenhafter Zug, der an das Atli-Lied erinnert.

Abbildung 29 vermag eine Vorstellung von solchen Holztafeln zu vermitteln. Sie waren zusammenklappbar und verschnürbar. Das Urstück befindet sich im Friesischen Museum zu Leeuwarden.

Abb. 29. Holztafel mit einem Kaufvertrag zwischen einem Römer und einem Friesen über ein Rind

Zur Festhaltung einer dichterischen Schöpfung sollten die Runen in der Egilssage dienen. Egils Tochter schlägt ihrem vor Kummer über den Verlust seiner Söhne lebensüberdrüssig gewordenen Vater vor, er solle doch ein Lied zu Ehren seiner umgekommenen Söhne dichten, und sie werde es in Runen ritzen.

Ob man diesen Bericht verallgemeinern darf, ist recht fraglich. Denn der Gebrauch von Runen in der Handschrift des „Schonischen Gesetzes“ (um 1300) ist nach jüngster Forschung als etwas rein Schonisches, also als eine auf jene südschwedische Landschaft beschränkte Neuerung anzusehen[11].

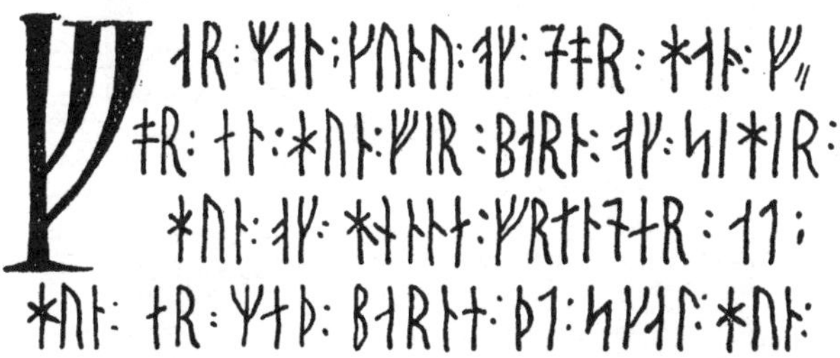

Abb. 30. Beispiel aus dem Schonischen Gesetz

Der Gebrauch von Runen in Handschriften und Niederschriften des späteren nordischen Mittelalters und der Neuzeit ist als gelehrte Liebhaberei zu bewerten — von solchen Fällen abgesehen, wo der Wunsch maßgebend war, den Inhalt unberufenen Augen zu verhüllen.

Zur Veranschaulichung solchen Runengebrauches seien je eine Stelle aus den 1543 verfaßten Log- und Tagebüchern des schwedischen Admirals Gyldenstjerne und aus dem 1617 geschriebenen „Anthyrlied“ aus dem Kloster Doberan in Mecklenburg geboten.

[11] Prof. Dr. Bröndum-Nielsen zu Kopenhagen.

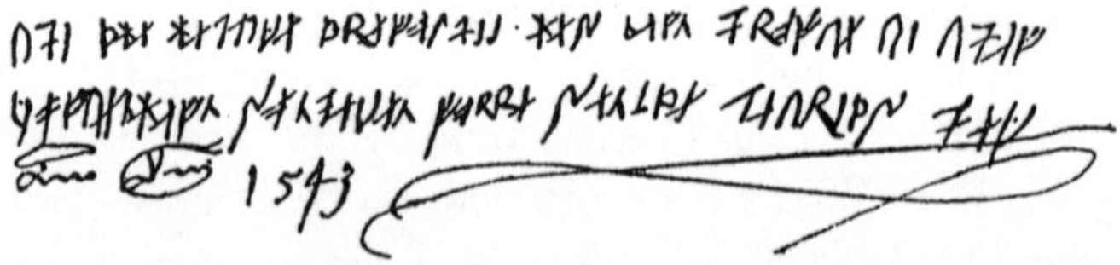

Abb. 31. Textstelle aus Gyldenstjerne

Abb. 32. Textstelle aus dem Anthyrlied

Beachtlich ist endlich, daß in der schwedischen Landschaft Övre Dalarne noch um 1800 „dalekarlische“ Runen zu privaten Mitteilungen gebraucht worden sind.

Zusammenfassend wäre noch zu sagen, daß aller Wahrscheinlichkeit nach der Gebrauch der Runen als Geschäftsschrift bei den Rheingermanen und vielleicht auch in dem weitgedehnten Gotenreich einen weit größeren Umfang besessen haben mag, als der Stand der Forschung heute erkennen läßt.

DIE RUNEN ALS HEILIGE ZEICHEN

Lange Zeit hat man in den Runen eine Buchstabenfolge zu reinen Mitteilungszwecken erblickt. Das findet seine leicht verständliche Begründung in einer Reihe von Inschriften, bei denen mit dieser neuzeitlichen Auffassungen entsprechenden Vorstellung auszukommen war. Auf dem Goldhorn nennt sich Hlewagast als Verfertiger des Kunstwerks. Es lag nahe, den Fall mit vielen anderen des Mittelalters zusammenzustellen, wo die Meister sich voll Stolz zu ihrem Werk bekannt haben. Auch die Runeninschrift eines der Weserknochen „Uluhari machte" schien diesem Brauch zu entsprechen.

Die zweite Zeile der Spange von Freilaubersheim ist meist gedeutet worden: „Dich, Dalena, beschenkte er." Hier lag der Gedanke an eine Widmung nahe. Wenn auf der Scheibenbrosche von Bülach im Züricher Museum gedeutet worden ist: „Frifridil hat mich erworben", so scheint das auf die Betonung des Besitzes zu zielen.

Auf mehreren Speerspitzen stehen Namen, so auf der jahrelang verschollenen und jetzt in Berlin befindlichen Lanzenspitze von Kowel (Wolhynien) und auf der im Müncheberger Museum liegenden von Dahmsdorf (Mark Brandenburg), die 1865 gefunden worden ist. Auf ersterer steht das Wort „Tilarids", auf letzterer „Ran[n]ja". Da auch sonst der Besitzer auf Waffen vermerkt erscheint — vergl. die Beowulfstelle S. 58 —, sah man lange in den beiden Wörtern Besitzer-

namen und deutete „Tilarids“ als „schneller oder tüchtiger Reiter“ und „Rannja“ als „Renner“.
Auf dem kleinen Stein von Jällinge in Jütland steht zu lesen: „König Gorm machte dieses Denkmal für seine Frau Thyra, Dänemarks Gebieterin“ — was die Auffassung des Denkmals als eines Gedächtnissteines begreiflich macht.

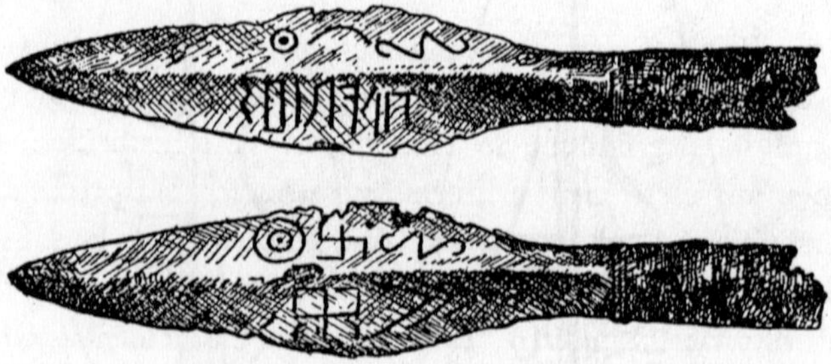

Abb. 33. Lanzenspitze von Kowel

Aber nach 1900 stellte sich je länger je deutlicher heraus, daß diese nüchterne Auffassung der betreffenden Inschriften als einer Alltagsanwendung nicht überall zutreffen konnte. Auf den beiden Lanzenspitzen sind die Runen verschwistert mit den unzweifelhaft heiligen Zeichen des Hakenkreuzes, der Sonnenringe, des Dreischenkels, des sog. Blitzzeichens usw. Diese Vergesellschaftung bekommt einen höheren Sinn, wenn die Runen ebenso wie die Heilszeichen die Wirksamkeit der Waffe steigern, sie selbst also weihen sollten. So betrachtet, dürfte der entsprechende Name auf die Waffe selber gehen und „Tilarids“ aufzufassen sein als „der Schnell-dahin-Fahrende“, also etwa als der „Anstürmer“ oder „Angreifer“ sowie „Rannja“ als „Anrenner“. Dazu würde stimmen das „Raunijas“ der Lanzenspitze von Övre Stabu mit dem vermutlichen Sinn von „Erprober“.

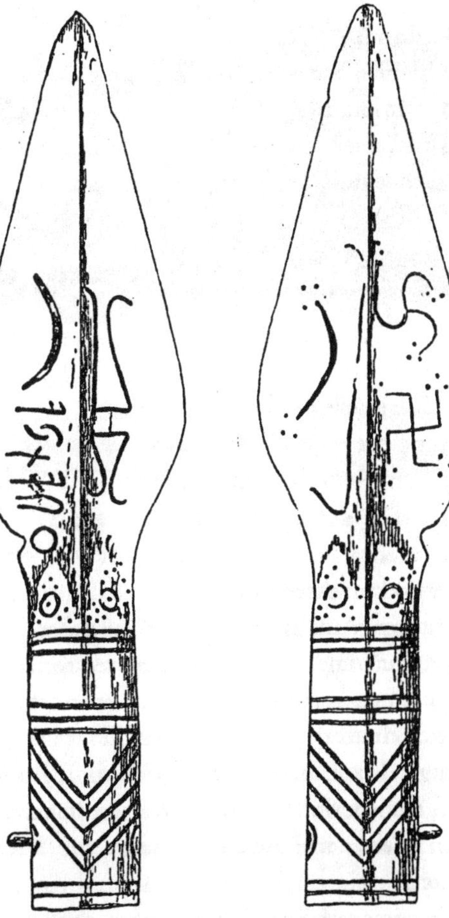

Abb. 34. Lanzenspitze von Müncheberg

Die Spange von Etelhelm in Schweden (um 500) weist ebenfalls in diese Richtung. Ihre Inschrift ist verrätselt: m k m r l-a w r t a a. Sie wird gelesen als m[i]k m[a]r[i]la w[o]rta.

Abb. 35. Lanzenspitze von Övre Stabu

a[lu] = „Mich Märle machte. Schutz [ist dies]". Schon die Vergeheimnissung der Formel und weiter der Zusatz des Abwehrwortes alu, auf das noch eingegangen werden wird, dürften als Fingerzeig dafür dienen, daß keine bloße Namensnennung des Edelschmiedes beabsichtigt war, sondern vielmehr eine Weihung des Schmuckstückes.

Auf nicht wenigen Denkmälern nennt sich der Runenbildner. Die Ansicht, daß darin eine Äußerung des Künstlerstolzes zu sehen sein könnte, wird diese Fälle kaum ausschöpfen. Vielmehr dürfte zutreffen, daß der Runenbildner sich eine besondere Wirkung davon versprach, eine Weihung oder Bannung durch seine Runen. So mancher Grabstein mit nur einem Namen gibt garnicht den Namen des Toten an, sondern den des Runenmetzen.

Diese Erkenntnis ist 1937 so ausgesprochen worden: „Die Runen waren dem Germanen lebendige, kraftgeladene Wesenheiten, die er wie Krieger aufmarschieren lassen konnte, wenn er um sie das rechte Wissen hatte."

Diese hohe Schätzung der Runen ist wohl ausgegangen von den Marken auf den Losstäbchen, wenn sie, wie anzunehmen ist, mit den Futharkrunen wesenseins waren. Galten diese Zeichen doch für so machtvoll, daß selbst die Nornen und die Götter sie befragen mußten. So ist denn 1938 gewiß mit Recht geurteilt worden: „Die Runen waren von Hause aus alles eher als ein Verständigungsmittel. Ihre Ritzung hat eine ähnliche Glaubensgrundlage wie die uralten Felszeichnungen und einen ähnlichen Zweck: Verstärkung und Verewigung. Es ist etwas Übernatürliches, eine heilige Kraft in diesen Zeichen[12]."

---

[12] Prof. Dr. Hermann Schneider, Tübingen.

DIE RUNEN ALS KRAFTTRÄGER

Die Germanen hatten ein andres Weltgefühl als das, welches ihnen später durch das Christentum eingeimpft wurde. Sie waren ein Volk von Bauern und als solche naturnahe Menschen. Im sprudelnden Quell und im strömenden Fluß, im schwankenden Busch und im rauschenden Baum, im brandenden Meer und selbst im starren Fels spürten sie Kräfte, die ihnen teils freundlich und hilfreich, teils tückisch und feindselig gegenüberstanden. Danach schieden sie sie in „holde" und „unholde" Mächte. Für sie war das All in seinen sämtlichen Erscheinungsformen beseelt.

Ein Nachhall dieser Allbeseelung ist es, wenn im deutschen Landvolk mancher Gegenden sich bis in die Neuzeit der Brauch erhalten hat, den Tod des Hofbauern dem Vieh im Stalle und den Obstbäumen im Garten anzusagen. Im nordischen Schrifttum tritt dieser germanische Wesenszug in der Baldrsage in Erscheinung: die besorgte Mutter nimmt alle Wesen, auch die Metalle und Steine, in Eid, ihrem Sohn nicht zu schaden.

Was Seele und daher Empfindung hat, ist durch Wort, Gebärde und Zeichen beeinflußbar. Von der Macht des richtig gewählten Wortes ist der Wiederaufstieg des deutschen Volkes aus seiner tiefsten Erniedrigung und Ohnmacht seit 1919 eine überzeugende Veranschaulichung. Es ist daher nicht verwunderlich, wenn die alten Germanen von einer besonderen Wirksamkeit der Vereinigung von Wort, Gebärde und Zeichen durchdrungen waren. Dieser Dreiklang ist ja auch greifbar in dem oben angezogenen Bericht des Tacitus über den Loswurf. Treffend ist dazu 1939 bemerkt worden: „Doch das Wort verrauscht und die Handlung wird vergessen; nur mühsam vermag dann der Volkskundler aus dem Volksbrauch den uralten Kern herauszuschälen, während die Runen uns noch unverändert durch viele Jahrhunderte von den Sorgen und Nöten der germanischen Vorfahren melden."

Im Merkgedicht von Rig in der Lieder-Edda heißt es von Konr dem jungen:

Jung König aber Kannte Runen
Hegerunen Und Heilrunen;
Auch konnte er Krieger schützen,
Den Sturm stillen, Stumpfen das Schwert.
Er stillte Feuer, Verstand die Vögel,
Die See zu sänftigen, Sorgen zu lindern,
Gewann die Kraft Von acht Kriegern.

Wenn in diesem Gedicht Jung-König Runenkunde erwirbt, so ist damit nicht die Fertigkeit zu schreiben gemeint, sondern die Fähigkeit, Machtwirkungen zu erzielen. Diese Kunst wollte verstanden sein.

Ebenso heißt es im Lied von der Erweckung der Walküre: „Sigrdrifa nahm ein Horn und reichte Sigurd einen Weisheitstrank:

Bier bring ich dir, Brünneneichbaum[13],
Gemischt mit Stärke Und stolzem Ruhm,
Voll von Sprüchen Und Freudenrunen,
Gutem Zauber Und Glücksstäben[14].

Auch hier dienen die Runen nicht als Buchstaben, sondern als kraftgeladene Sinnbilder, die zur Abwehr und zum Schaden verwendet werden können.

[13] Skaldische Umschreibung für Krieger.
[14] Glückbringende Runenzeichen.

Diese nordische Auffassung klingt auch wieder in der deutschen Redensart: „einem etwas bescheren". Denn ihr Ursinn war: einem durch das Schneiden von Runen etwas beschaffen oder antun.

Einen anschaulichen Vorfall dieser Art Runengebrauches berichtet die Egilssage. Der als Skalde und Wiking berühmte isländische Großbauer Egil mußte vor König Erich Blutaxt und seiner Gemahlin aus Norwegen weichen. Da stellte er eine Haselstaude in die Spalte einer Felsenspitze, die weit in das Land hinausschaute, steckte ein Pferdehaupt oben auf die Stange und tat den Fehdespruch: „Hier stelle ich auf die Neidstange und wende diese Beschimpfung gegen König Erich und die Königin Gunhild." Dann kehrte er auch den Pferdeschädel in das Land hin und ritzte noch Runen auf die Stange, um die Vertreibung des Königspaares aus dem Lande zu bewirken.

Von eben diesem Egil wird erzählt, er sei auf seiner Wermlandfahrt zu einem Bauern gekommen und habe dessen Tochter schwerkrank angetroffen. Er ahnte unholde Einflüsse und entdeckte denn auch auf dem Lager des Mädchens ein Fischbein, auf dem Runen geritzt waren. Der sie geschnitten, ein Bauernsohn aus der Nachbarschaft, hatte die Kunst nicht verstanden und statt Liebesrunen, wie er wollte, Siechrunen geritzt. Egil schabte die Runen ab, hob so ihre schädlichen Wirkungen auf und ritzte Heilrunen ein, wonach die Kranke sich gleich viel wohler fühlte. Egil äußerte dazu die Warnung, niemand solle Runen ritzen, wenn ihm ihre Bedeutung nicht klar sei.

In dieser Auffassung sind die Runen machtgeladene Zeichen, deren Besitz Wunderkräfte verleiht. Wer eine bestimmte Rune hat, ist gegen gewisse Gefahren gefeit oder zu gewissen Leistungen befähigt. Damit erscheinen die Runen als ein Machtmittel in der Hand des Runenkundigen.

Das lehrt u. a. auch deutlich das Eddalied „Skirnirs Fahrt", in dem Skirnir für seinen Herrn Freyr um die schöne Riesentochter Gerda wirbt. Da das stolze Mädchen sich spröde verhält, bedrängt sie der Werber mit den schlimmsten Schrecknissen und ruft ihr schließlich zu:

> Einen Thurs schneid' ich dir und drei Stäbe:
> Argheit, Unmut, Ungeduld.

Auf diese letzte Drohung hin willigt die spröde Maid endlich darein, sich Freyr zu ergeben. So offenbart das Gedicht, welch unheimliche Macht den Runen im frühen Mittelalter zugetraut worden ist.

Der Glaube an die Macht der Runen, Liebeszwang zu üben, hat sich in den Nordlanden bis in die Neuzeit erhalten, wie manche nordische Lieder bezeugen. Es sei nur auf das Lied von „Herrn Tönne" verwiesen, in dem der Kehrreim lautet: „Wer so wohl die Runen mag stellen." Diese Seite des Runenwesens hat auch in unseren Tagen für nicht wenige Gemüter eine besondere Anziehungskraft, weil sie der Einbildungskraft einen viel weiteren Spielraum gewährt als die Verwendung des Futharks zu Schreibzwecken.

In dem schon erwähnten Lied von der Walküre Sigrdrifa sagt diese zu ihrem Erwecker Sigurd (Siegfried):

> Siegrunen schneide, wenn du Sieg willst haben!
> Grabe sie auf des Schwertes Griff,
> Auf die Seiten einige, andere auf das Stichblatt
> Und nenne zweimal „Tyr"!
>
> Älrunen[15] kenne, daß des anderen Frau
> Dich nicht trüge, wenn du traust!
> Auf das Horn ritze sie und auf den Rücken der Hand
> Und mal' ein „Not" auf den Nagel!

---

[15] Abwehrrunen.

Diese Gezeile lassen deutlich die Dreiheit von Handlung, Wort und Rune erkennen. Offensichtlich sind in den angeführten Eddastellen drei Runennamen genannt: Thurs, Not, Tyr. Auf englischem Gebiet sind angelsächsische Runenringe zutage gekommen mit der Inschrift: „Bevor Übel dich befalle, zahle den Zoll des Ringes!“ Es handelt sich offenbar um Ringe, die in die Erde oder ins Meer versenkt wurden, um durch diese vorbeugende Gabe an die holden oder unholden Mächte Unheil fernzuhalten.

Von Funden aus deutschem Boden gehört in diesen Zusammenhang der Goldring von Körlin (Kr. Kolberg), der sich im Museum für Vor- und Frühgeschichte zu Berlin befindet. Er weist zehn dreieckige Felder auf, von denen acht eine gewöhnliche Verzierung, das neunte ein Hakenkreuz und das zehnte eine gemeingermanische Runeninschrift trägt: unten linksläufig das in zahlreichen nordischen Inschriften vorkommende Wort alu und darüber eine Binderune aus dem gestülpten *a*- und dem *l*-Buchstaben.

Abb. 36. Abrollung des Runenringes von Körlin

Die Sturzrune dürfte auf eine bannende Absicht deuten und die Binderune stellt möglicherweise zugleich eine *Geheimrune* dar. Nimmt man nämlich den Kennstab des L zugleich als Hinweis auf das erste „Geschlecht“ der Runenreihe und die zwei Kennstriche des A als einen Hinweis auf die zweite Rune dieses Geschlechtes, so findet man die *u*-Rune. So betrachtet, würde das Ganze abermals alu ergeben. Diese kunstvolle Verschlüsselung des Abwehrwortes alu mag als ein Musterbeispiel für die Art dienen, wie man in jenen Jahrhunderten Sicherungen des Ringträgers glaubte schaffen zu können.

Das Wort alu = Schutz hängt vielleicht mit einem angelsächsischen Zeitwort zusammen, das „schützen" oder „schirmen" bedeutet. Es könnte aber auch sein, daß jeder der drei Buchstaben einen Runennamen vertritt, also „Anse (Ase)", „Lache" oder „Lauch" (heilkräftige Pflanze) und „Ur", da ja jeder Rune ein fördernder oder hemmender Begriffsinhalt zugehört.

Ein anderes urnordisches Formelwort bannender Art dürfte lat͡hu sein mit dem Sinn von „Ladung", „Einladung", also „Beschwörung".

Eine andere Art der schirmenden Runenkunstgriffe weisen die silberne Scheibenfibel von Bülach aus dem Beginn des siebenten Jahrhunderts und das beinerne Kammgehäuse von Ferwerd im holländischen Friesland aus der Zeit der Merwinge auf. Bei der ersteren ist in dem Namen Frifridil die *f*-Rune so geritzt, daß die Kennstäbe nach links starren statt nach rechts, also eine Wenderune dasteht; die Beistriche am Anfang und am Ende des Namens wirken wie die zugespitzten Äste eines Verhackes, sozusagen wie spanische Reiter. Auf dem Kammgehäuse ist das Bild durch die Runen *t* und *ä*, das rechtsläufig gegeben ist, ähnlich.

Im neunzehnten Jahrhundert nahm man vielfach an, daß die Futharkdenkmäler wie der Anhänger von Vadstena und die Spange von Charnay gearbeitet worden seien, um den Besitzern als Gedächtnisstütze, gewissermaßen zu Schreibunterrichtszwecken zu dienen. Aber davon ist man abgekommen, seit 1903 die Futharkinschrift auf dem Stein von Kylver veröffentlicht worden war. Die Platte mit der Buchstabenreihe hatte im Innern des Grabes gelegen, war also nicht für die Augen der Lebenden bestimmt gewesen. Der norwegische Gelehrte M. Olsen gab die seitdem maßgebend gewordene Erklärung, das Futhark auf solchen Denkmälern habe nicht zu Lehr- und Lernzwecken gedient, sondern es sei auf die Ballung sämtlicher in den Runen steckenden wirksamen Kräfte abgesehen gewesen.

Die Kylver Inschrift ist noch in anderer Hinsicht weiterwirkend geworden. Sie hat Agrell dazu geführt, seine *Uthark*-Lehre aufzustellen. Nach seiner Untersuchung der Platte kam er zu dem Schlusse, das erste Zeichen der Inschrift könne nicht als verstümmeltes F aufgefaßt werden, sondern sei die Todesrune I, die zur Verhüllung der richtigen Buchstabenreihe vorangestellt sei; die eigentliche Buchstabenfolge beginne erst mit dem U und schließe mit einem wiederum geheimnisvoll verhüllten F; demnach müsse man sie als „Utharkreihe" bezeichnen. Er folgerte weiter, daß jeder Rune je nach ihrer Stellung in der Reihe ein Zahlenwert zukomme — z. B. u = 1, t͡h = 2 usw. —, der zur Erzielung gewisser wirksamer Zahlenverhältnisse benutzt worden sei. Agrell hob weiter hervor, daß die Reihe der Platte zwei Umstellungen (p, ẹ statt ẹ, p und d, o statt o, d), drei Wenderunen (a, b, ẹ) und zwei Sturzrunen (w und R) aufweise, und meinte, diese Abweichungen seien gemacht worden, um die Kraft der Runen zu verstärken und eine Gegentätigkeit unholder Mächte zu verhindern, weil in dem Buchstabenzauber der Mittelmeerwelt der Glaube herrschte, daß gestülpte Buchstaben die Macht hätten, die Umkehr der bösen Geister zu bewirken und Gegenzauber zu vereiteln; drei Zeichen zumal hätten eine besonders bannende Wirkung.

Es scheint in der Tat, als müsse außer mit einer Buchstabenmagie auch noch mit einer Zahlenmagie bei vielen Inschriften gerechnet werden. So ist auf dem erwähnten altenglischen Ring die Inschrift in drei Gruppen zu je neun Zeichen eingeteilt, denen auf der Innenseite noch eine Gruppe von drei Zeichen zugesellt ist.

Zahlreiche nordische Runendenkmäler drängen zu dem Schlusse, daß die sich auf ihnen findenden, scheinbar sinnlosen Buchstabenhäufungen auf einen bestimmten Zahlenwert abzielen. Auf dänischen Runensteinen z. B. spielen die Zahlen 2, 4, 8, 12, 16, 24, 48 eine große Rolle. Auch die Zahl 10 muß bedeutungsvoll gewesen sein. Der Fachausdruck für solche Rechnung nach dem Zahlenwert der Buchstaben ist „Gematrie“.

Durch alle diese Mutmaßungen hat die Runenforschung des zwanzigsten Jahrhundert ein wesentlich anderes Gesicht erhalten als die des neunzehnten. Nicht wenige Züge daran wirken befremdlich. Sie drängen zu der Frage, wie weit man es da noch mit rein germanischer Art zu tun hat. Es muß der Tatsache ins Auge gesehen werden, daß seit der Zeit, wo die Germanen mit der Südwelt in dauernde kriegerische und wirtschaftliche Berührung gekommen waren, also mindestens seit den Tagen Cäsars und Ariowists geistige Einflüsse südlicher Vorstellungen, also auch solche abergläubischer Art in das Germanengebiet eindringen konnten. Schon Cäsar hat vom Jahre 52 vor u. Zeitr. ab Tausende von Rheingermanen für sein Heer aufgeboten oder angeworben. Jahrhunderte hindurch haben Germanen im römischen Heer gedient, viele von ihnen ihre besten Jahre als kaiserliche Leibwächter in Rom verbracht. Daß nicht wenige von diesen Söldnern Zeit und Gelegenheit genug gehabt haben, mit spätantiken Anschauungen vertraut zu werden, liegt auf der Hand. Weiter hat besonders die dänische Forschung der nordischen Altertumskunde festgestellt, daß von der Rheinmündung her durch Jahrhunderte ein reger Handelsverkehr nach dem Norden gegangen ist. Mit den Handelsgütern wandern aber auch geistige Einflüsse. Konnten solche südlichen Vorstellungen an einheimische der Germanenwelt anknüpfen, so haben sie — wie die Geschichte des Hexenwahns lehrt — sich auch bei den Germanenstämmen eingenistet. Es sei auch daran erinnert, daß nicht wenige Sprossen führender Germanensippen in Rom südliche Bildung erlernten, ja daß sogar der Sohn von Armins Bruder Flavus mit dem Namen Italicus von den Cheruskern aus Rom, wo er erzogen worden war, ins Weserland geholt worden ist, um dort die Königswürde zu übernehmen.

Unter den römischen Soldaten der Kaiserzeit war der Mithrasglaube weit verbreitet. Auch am Rhein waren diesem Gott Heiligtümer errichtet. Die Verehrung des unbesiegten Sonnengottes wird gewiß auch von manchem germanischen Söldner mitgemacht worden sein.

Nach dieser Lage der Dinge ist also stark damit zu rechnen, daß Einflüsse des spätantik-mithraistischen Buchstaben- und Zahlen-Aberglaubens auf das Runenwesen eingewirkt haben. Sie würden Künsteleien wie die der Scheibenspange von Bülach und die Zahlenspielereien so mancher Runenfunde als die Auswirkung einer Kulturmischung begreiflich machen.

In diesem Zusammenhang sei auf die oben erwähnten angelsächsischen Ringe verwiesen. Der dort angeführte Fall gemahnt auffällig an den Ring des Polykrates und läßt gleicherweise auf südliche Überlieferungen schließen.

Im zweiten Gudrunlied der Edda wird der untröstlichen Witwe Gudrun (Kriemhild) ein Trank gereicht, der ihr Vergessenheit ihres Leides bringen soll. Es heißt da:

> In das Horn hatten sie allerhand Stäbe
> Rötlich geritzt.

Ebenso wird über den Skalden Egil berichtet, daß er, als ihm ein Horn mit Met gereicht wurde und ihm der Verdacht kam, es möchte Gift darin sein, mit seinem Messer Runen ins Horn ritzte und sie mit seinem Blut rötete, worauf das Horn zersprang und der Met auslief.

Solche märchenhaften Erzählungen offenbaren, daß man überzeugt war, durch das „Röten" der Runen ihre Kraft noch erhöhen zu können. Da ist es kulturgeschichtlich lehrreich, daß das altnordische „taufr" mit dem Sinn von „Zauberei" oder „Schutzding" sprachlich mit dem altenglischen „téafor" = „Rötel" oder „Mennige" zusammengehört und beide mit dem althochdeutschen „zoubar" = „Beschwörung" (vergl. lat͡hu) verwandt sind. Ursprünglich hatte also unser Wort „Zauber" nicht den Sinn, den es im christlichen Mittelalter bekam und der in der Faustsage seinen volkstümlichen Niederschlag gefunden hat. Aber die Überzeugung, daß das Röten mit Blut die wirksamste Bannung bedingte, dürfte schon in der vorchristlichen Zeit wurzeln.

Wie zäh die Erinnerung an den Brauch des Rötens sich auch im deutschen Landvolk erhalten zu haben scheint, mag folgendes Erlebnis eines märkischen Wanderfreundes veranschaulichen: „Ich entdeckte in Hersefeld bei vier Hünenbetten einen Näpfchenstein. In Ermangelung von Kreide suchte ich mir einen Ziegelbrocken und rieb die Näpfchen damit ein, um sie sichtbarer zu machen. Ein altes Bäuerlein kam dazu und beobachtete mich. Als ich einmal den Kopf schüttelte, meinte der alte Mann: ‚Na, da stimmt wohl etwas nicht? Das wundert mich, denn ich sehe an der roten Farbe, daß Sie ein Kenner sind[16].'"

[16] Mitteilung des Chemigraphen Gustav Krause zu Berlin-Neukölln.

VON GEHEIMRUNEN

Auf dem Ring von Körlin scheint in der Binderune noch ein U verschlüsselt zu stecken. Kann das anerkannt werden, so liegt eine Anwendung von *Geheimrunen* vor, wie sie z. B. auf dem Stein von Rök oben an der Kante vertreten sind.

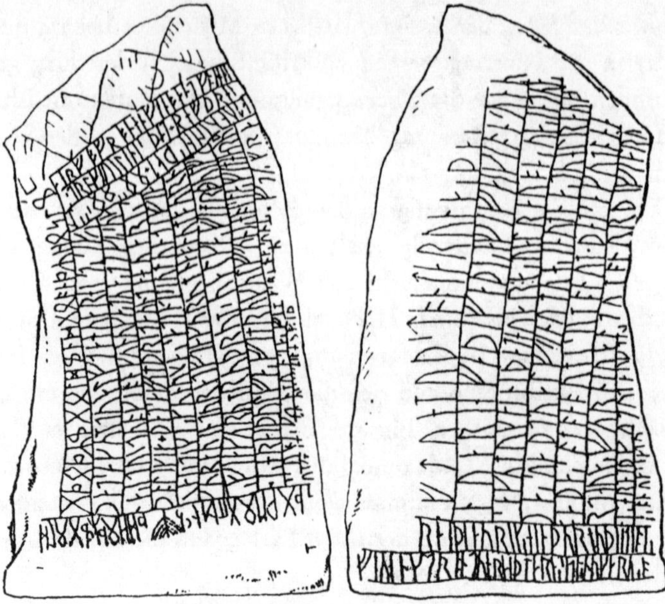

Abb. 37. Der Stein von Rök

Diese Zeichen werden *Zweigrunen* genannt. Ihr Wesen besteht darin, daß an einen Hauptstab rechts und links Striche (Zweige) angefügt sind, die auf der einen Seite das Geschlecht, auf der anderen die Stellenzahl in diesem Geschlecht angeben. So kann z. B.  gedeutet werden als: zweites Geschlecht, dritte Rune, was das I sowohl im längeren wie im kürzeren Futhark ergibt. Aber die Verrätselung konnte noch weiter getrieben werden, indem das dritte Geschlecht für das erste und umgekehrt gesetzt wurde.

Eine andere Art dieser Geheimschrift bestand darin, daß das Zeichen geritzt wurde, das der wirklich gemeinten Rune unmittelbar voranging oder nachfolgte, also statt *u f* oder $\widehat{th}$.

Diese Verschlüsselung konnte weiter so abgewandelt werden, daß die zweite oder dritte Rune vor oder hinter der gewünschten für sie einzutreten hatte.

Es gab noch andere Arten dieses Verfahrens. Aber das Gebotene mag zur Einführung genügen.

VOM RUNENMEISTER

1930 wurde in einem Frauengrabe bei Soest eine aus der zweiten Hälfte des sechsten Jahrhunderts stammende goldene Scheibenspange mit einer zweifachen Runen-Inschrift gefunden. Sie wird im Landesmuseum zu Münster aufbewahrt. Die zweite Runengruppe ist sozusagen als ein verschlüsseltes Verbundzeichen anzusprechen. Zwei Langstäbe schneiden sich wie die Diagonalen eines Rechtecks und tragen die Kennstäbe der

Abb. 38. Soester Verbundzeichen

Runen *a, t, a* und *n*; über dem Schnittpunkt steht eine *o*-Rune. Das Ganze ergibt den Mannesnamen „Atano" oder mit Verdoppelung des t „Attano".

Dieser Attano dürfte wie der Boso der Spange von Freilaubersheim der Runenritzer gewesen sein. Es ist bisher immer von „Runenritzer", „Runenbildner", „Runenschneider" oder „Runenmetz" (vgl. Steinmetz) gesprochen worden, je nach dem Stoff, in dem sich der Hersteller der Buchstaben betätigt hat.

Aber diese Männer waren keine Alltagshandwerker oder beliebige Schreibkundige, sondern „Kennende" oder „Wissende", die durch ihr Tun das Schmuckstück zu einem Schütznis weihten. Sie haben sich im Norden selbst *Runenmeister* genannt.
Die Befragung des Schicksals durch Loswurf war jedem Germanen möglich gewesen. Aber mit dem Eindringen der südlichen Vorstellungen von Buchstaben- und Zahlenmagie war die Beherrschung der Runenkräfte zu einer Geheimkunst geworden. Mehrere spätere Inschriften des Nordens lassen spüren, wie stolz die Runenmeister auf sie waren. So ist auf dem Stein von Fyrby (nach 1000) zu lesen: „Den Stein setzten die zwei runenkundigsten Brüder" und in einer Inschrift auf den Orkaden (nach 1100) heißt es: „Geritzt von dem Manne, der am kundigsten ist der Runen westlich vom Meer."
So ruhmredig wie diese späteren Runenmeister waren die älteren nicht. Auf vielen Steinen findet sich die Runenritzerformel „Ich N. N. färbte [die Runen]" wie auf dem oben erwähnten Stein von Einang. Es kam ihnen nur darauf an, eine Weihehandlung zu beurkunden. Immerhin heißt es schon auf dem Stein von Nordhuglen in Norwegen (um 400): „Ich, der Gode[17], der Unbezauberbare."
Einen Einblick in dieses geheimnisumwitterte Runenwissen vermittelt die Steinplatte von Eggjum in Norwegen (um 700). Die schwierige und umstrittene Deutung sei hier auszugsweise etwa so gegeben: „Nicht ist es von der Sonne beschienen, und nicht mit einem Eisenmesser der Stein geschnitten; ... diesen begoß der Mann mit Leichensee..." Der Stein wäre danach bearbeitet worden, ohne daß ein Sonnenstrahl ihn treffen konnte, und ohne den Gebrauch eines eisernen Werkzeuges;

[17] Eigentlich gudija, eine Amtsbezeichnung, die sachlich dem althochdeutschen Götting oder Ewart entsprach; siehe oben Anmerkung S. 56.

auch wäre er mit „Leichensee", d. h. mit Blut benetzt, also gerötet worden. Die verhüllende und verrätselnde Sprache mit ihrem warnenden Ton bedient sich der in der Skaldendichtung so beliebten Wortumschreibungen.

Bei der Sprache solcher Inschriften muß damit gerechnet werden, daß die Runenmeister Wortformen benutzten, die einer älteren Stufe als die Umgangssprache angehörten.

An Selbstzeugnissen der Runenmeister seien noch angeführt:

1. Das Beinchen von Lindholm in Schweden (um 400): „Ich Erilas, der kunstfertige bin ich genannt... Schutz [ist dies]."
2. Ein Anhänger aus Seeland (5. Jahrhundert): „Hariuha heiße ich, der Gefährliches Wissende. [Ich] gebe Glück."
3. Der Stein von Reistad in Norwegen (um 600): „Juthingas. Ich, Wakras, verstehe mich auf Runenwissen."
4. Der schon erwähnte Lanzenschaft von Kragehul (Abb. 23): „Ich, Erilas, des Asugisalas Gefolgsmann, heiße. Mächtig schallendes Hagelunheil weihe ich auf den Ger."

VOM GOTT DES RUNENWISSENS

Auf dem Stein von Noleby in Schweden (um 600) heißt es: „Runen färbe ich, von den ratenden Mächten stammende.“ Mit diesen Worten ist den Runen göttliche Herkunft zugeschrieben. Einige Jahrhunderte später wurde der Lieblingsgott der Wikinger Odin, der Herr der Weisheit und der Dichtung, auch zum Gott der Runen. Wie er das Wissen um die Runen erwarb, ist in einem Eddalied geschildert, das laut Gustav Neckel von Simrock mit der gemeinsamen Überschrift „Odins Runenlied“ versehen worden ist, obwohl nur in den Gesätzlein 2—5 Odin selbst spricht.

Andreas Heusler hat dazu bemerkt: „Gleich das erste Gesätze bannt uns in die Stimmung von Zwielicht und Geheimnis. Am Nornenquell, unter der Weltesche, will ein Spruchmeister, ein Thul, das Wort ergreifen, und was er schweigend erlauscht hat, stammt aus Odins Halle; Odin, der Hohe, ist es, dessen Worte er wiedergibt.

Odin erzählt, wie er einst in seiner Jugend — offenbar durch feindliche Riesen — an die Weltesche gehenkt und mit dem Speer geritzt wurde. Und dann, in höchster Not, erspäht er unter sich lösende Runen, und sein Mutterbruder Mimir, der kundige Riese, lehrt ihn Zauberlieder und spendet ihm von dem Zaubermet. Da erstarkt Odin und erwächst zum Meister zauberischen Wortes und Werkes. Wir tun gut, diese ahnungsvolle Kunde nicht zu vorwitzig zu durchleuchten. Der Sprecher am Nornenquell gibt, soviel ihm aus der hohen Halle zu Ohren drang."

1.

Zeit ist's zu raunen Auf dem Rednerstuhl,
Am Ufer des Urdbrunnens. Ich schaute und schwieg,
Ich schaute und sann, Hörte der Waltenden Wort.
Von Runen hört' ich reden — Sie verrieten die Deutung —
Bei der Halle Hars: In der Halle Hars
Hört' ich sagen so:

2.

Ich weiß, daß ich hing Am windigen Baum
Neun Nächte lang
Mit dem Ger verwundet, Geweiht dem Odin,
Ich selbst mir selbst,
An jenem Baum, Da jedem fremd,
Aus welcher Wurzel er wächst.

3.

Sie spendeten mir Nicht Speise noch Trank;
Nieder neigt' ich mich,
Nahm auf die Stäbe, Nahm sie stöhnend auf,
Dann stürzte ich herab.

4.

Neun Hauptlieder Lernt' ich vom hehren Bruder
Der Bestla, dem Bölthornssohn;
Von Odrörir[18], dem edelsten Met,
Tat ich einen Trunk.

---

[18] Sinnreger.

5.

Zu wachsen begann ich Und wohl zu gedeihen,
Weise ward ich da;
Wort mich von Wort Zu Wort führte,
Werk mich von Werk Zu Werk führte.

6.

Runen sollst du lernen Und rätliche Stäbe,
Stäbe gar stark,
Zeichen zauberkräftig, Wie sie zog der Zauberherr,
Wie sie wirkten Weihgötter, Wie sie ritzte der Raterfürst.

7.

Das erfährst du dann Beim Erforschen der Runen
Der raterentsprossenen,
Wie sie wirkten Weihgötter Und sie zog der Zauberherr:
Das Schlauste ist, du schweigst.

RUNEN UND HAUSMARKEN

Wie die Runen aus ursprünglich frommen Zeichen erst ganz allmählich verweltlichten, so dürfte das auch mit jenen Zeichen geschehen sein, die den Runen äußerlich so auffällig ähneln: mit den *Haus- und Hofmarken*. Nach C. G. Homeyer dienten sie zu der Zeit, wo sie uns im Mittelalter erfaßbar werden, einmal als „Handzeichen" und sodann als „Stammgutzeichen", so daß dasselbe Zeichen teils die Namensunterschrift einer Person vertrat, teils zum Merkmal ihrer Habe diente.
Diese Besitzmarken hießen „Haus- und Hofmarken". Ihr Gebrauch umspannte das ganze germanische Europa und die verschiedensten Stände der Geburt und des Berufes. Sie waren also verwachsen mit dem germanischen Rechtsleben. Da dieses kein rein weltliches, sondern ein unter göttlicher Aufsicht stehendes Gebiet war, so werden diese Marken wohl von Hause aus geweihten Wesens gewesen sein.
Homeyer verweist auf die große Ähnlichkeit, ja Übereinstimmung vieler Hausmarken mit Runen. „Kaum fände man wohl eine Form aus den vielfachen nach Zeit und Land wechselnden Runenalphabeten, die nicht auch in Gestalt einer Hausmarke aufträte. Deshalb ist auch die Frage nach einem inneren Zusammenhang der beiden Erscheinungen häufig erörtert worden." Diesen Zusammenhang nur in der gleichen Herstellung durch Kerben oder Schneiden in Holz suchen, ihn also rein werkmäßig erklären zu wollen, unterliegt doch wohl schweren Bedenken. Homeyer jedenfalls stellte zur Erwägung, daß der

einzelne sich doch seine Hausmarke nicht leicht in reiner Willkür nahm, sondern sich gern an ein Vorbild anlehnte. Er nahm mit Liljegren an, daß viele Hausmarken eher aus Nachbildungen von Runen als aus einer durch die Technik bedingten äußerlichen Übereinstimmung zu erklären seien.
Sprachlich wird Homeyers Schlußfolgerung verstärkt durch den Zusammenhang zwischen dem nordischen Wort „kefli“ und dem niederdeutschen „Kavel“; ersteres bezeichnete den „Holzstab“ oder die „Holzwalze“ zum Einritzen der Runen, gehörte also zu den Fachausdrücken des Runenwesens, letzteres bezeichnete das Holzstäbchen mit der Hausmarke, das zum Auslosen von Gemeinderechten oder -pflichten benutzt wurde.

Abb. 39. Kavel mit Hausmarke

Im Anschluß an Homeyer sei eine Abbildung des Femestuhls von Solterwisch (südlich von Bad Oeynhausen) gegeben, der neben einer Reihe von Hausmarken auch eine Schöffenmarke trägt und dessen Zeichen ins sechzehnte Jahrhundert gehören. Die Haus- und Hofmarken haben sich an alten Fachwerkhäusern, Bauernhäusern und Scheunen, auf Grabsteinen, an beweglicher Habe jeder Art, an Kirchenstühlen und in Kirchenfenstern gefunden. An Bauten verschiedenster Art in Stadt und Land finden sich daneben auch noch manche Runen wie die Odals-, die Ing-, die Mann- und die Yr-Rune, die als Heilszeichen zum Schutze des Hauses und seiner Bewohner angebracht worden sein müssen.
Auf einen Zusammenhang zwischen Runen und Hausmarken scheinen zu deuten die Zeilen im Lied von Sigrdrifa:

Auf dem Schild stünden sie vor dem schimmernden Gott
Auf Arwakrs Ohr und Alswidrs Huf,
Auf dem Rad, das da rollt unter Rögnirs Wagen,
Auf Sleipnirs Zähnen, auf des Schlittens Bändern.

Abb. 40. Der sog. Wittekindstein

ZUR KULTURGESCHICHTLICHEN BEDEUTUNG DER RUNENSCHRIFT

Die Runendenkmäler sind germanische Selbstzeugnisse. Daher bilden sie eine geradezu unersetzliche Quelle für die Aufhellung des germanischen Altertums, für die wir sonst nur auf griechische und römische Berichte angewiesen sind.

Gerade die ältesten Runendenkmäler sind leider recht wortkarg, indem sie oft nur ein Wort oder einen kurzen Satz tragen. Aber auch so sind sie von hohem *sprachgeschichtlichem* Wert, insbesondere für die germanische Namenkunde.

Kulturkundlich wesentlich ist, daß die Runeninschriften die germanischen Fachausdrücke für die Runenschrift liefern. Es findet sich nicht ein einziges Lehnwort darunter; sie sind sämtlich bodenständig.

Manche Runendenkmäler sind *dichtungskundlich* wichtig. So stellen z. B. die fünf Worte des Goldhorns eine stabende Langzeile dar und bezeugen als ältester Beleg das hohe Alter dieser Versart. Andere Denkmäler bezeugen die Verbreitung der wichtigsten Eddastrophe über den ganzen Norden, also auch in Dänemark und Schweden, wo sonst keine eddische Dichtung erfaßbar ist. Der Stein von Rök enthält eine Strophe, in der von König Dietrich die Rede ist. Die vier Verszeilen bezeugen also, daß die Dietrichsage auch in Schweden bekannt war.

Sagengeschichtlich bedeutsam sind zwei Platten des im Britischen Museum befindlichen Runenkästchens von Auzon. Sie tragen in Walbein geschnitzte Darstellungen aus der Wielandsage und aus der Sigfrid-Sigurdsage in ihrer nordisch-eddischen Fassung. Das mit reichen Schnitzereien bedeckte Kästchen ist

Abb. 41. Vorderseite des Clermonter Kästchens

zwar in Frankreich entdeckt worden und daher „Kästchen von Clermont" oder „Auzon" genannt, aber von dem Engländer Frank erworben worden und so nach London gelangt. Es ist damit in sein Ursprungsland zurückgekehrt. Nach dem Käufer wird es auch als „Franks Schrein" bezeichnet. Die Vorderplatte trägt links Darstellungen aus der Wielandsage: Baduhild bittet Wieland, ihren Ring auszubessern. Der Schmied steht hinter dem Amboß. Auf dem Boden liegen die Leichen der Brüder der Königstochter. Daneben füttert Wieland Geflügel mit Eisenfeilspänen, wie es die norwegische Thidrekssaga berichtet[19]. Rechts beten die heiligen drei Könige das Christkind an. In Runen steht darüber „Magi" (Magier). Die Umschrift in angelsächsischen Runen lautet: „hronäs ban - fisk flodu ahof on fergenberig - warth gasrik grorn thär he on greut giswom." Die Deutung dürfte sein: „[Des] Wales Bein hob die Fischflut (das Meer) auf den festen

[19] Deutung Dr. J. O. Plassmanns.

Felsen (das Festland). [Es] ward der Wüterich traurig, da er auf den Grieß (Ufersand) schwamm (gespült wurde)." Das Walbein stammte also von einem gestrandeten Wal. Der Deckel trägt in Runen „Ægili", den Namen Egil, der Wielands Bruder und als Meisterschütze berühmt war. Die Tellsage geht auf ihn zurück. Da die Wielandsage niedersächsischen Ursprungs ist, so hat das Kästchen auch für uns Bedeutung. Es stammt aus dem achten Jahrhundert.

Auf die Sigurd-Siegfriedsage beziehen sich gleichfalls bildliche Darstellungen auf dem Ramsundfelsen, der auch Stein von Jäder (Schweden) genannt wird (siehe Abb. 22). Ein Lindwurm kriecht über eine Grube, in der ein Mann sitzt und ihn von unten her durchbohrt. Weiter sind zu sehen das Pferd Grane, die warnenden Vögel und der erschlagene Regin nebst seinen Werkzeugen.

Für treue *Kameradschaft* zeugt der Stein von Sjörup, den ein Waffenbruder seinem gefallenen Gefährten gesetzt hat.

In das Gebiet des *Gefolgschaftswesens* mit seiner Treuepflicht über den Tod des Herrn hinaus gehören Inschriften wie die des Steines von Hällestad (um 990). Er ist von den Mannen des dänischen Königssohnes Toki in Schonen gemeißelt worden zum ehrenden Gedächtnis ihres „holden" Herrn, dessen Leiche sie aus Schweden mitgenommen hatten, nachdem er in dem Treffen am Fyrisflusse südlich von Uppsala 985 gefallen war. Das Schlachtfeld ist in dem Gesätzlein genannt. So ist der Runenstein gleichzeitig eine *geschichtliche* Quelle. Das gleiche gilt von zahlreichen Runendenkmälern aus Bein, Metall, Holz und Stein. Wegspuren der Wanderungen von Goten, Wandalen, Burgundern, Langobarden usw. sind die Lanzenspitzen von Kowel und Müncheberg, der Goldring von Pietroassa in Siebenbürgen, die Spange von Charney in Burgund usw.

Noch zahlreicher sind die Runenzeugnisse für die Wikingerzüge (vgl. Abb. 44). Als ergreifendstes Denkmal dieser Art sei die Inschrift des Steines von Högby in Östergotland angeführt: „Thorgeir errichtete diesen Stein für Assur den Langsamen, seinen Oheim, der ostwärts in Griechenland starb. Bauer Gulli hatte fünf Söhne. Tapfer fiel Asmund am Fyrisflusse, umkam Assur fern in Ostrom, es ward auf Bornholm Halfdan getötet, Kari starb bei Dundee. Verschieden ist Bui. Thorkel ritzte diese Runen.“ Welch weltweiten Blick der schwedischen Odalssippen offenbart dieser eine Stein!

Von eigenartigem Reiz sind die Runenbänder auf den Flanken des Marmorlöwen vor dem Arsenal in Venedig. Er stand früher am Eingang des Piräus, der im Mittelalter nach den beiden Marmorlöwen, die die Einfahrt bewachten, auch Porte Leone genannt wurde; von dort ist er durch hannöversche Truppen im Solde Venedigs 1688 nach der Lagunenstadt entführt worden. Auf der rechten Flanke ist entziffert worden: „Asmund schlug die Runen zusammen mit Asgeir, Thorulf und Ivar ein, auf Geheiß Haralds des Hohen, obgleich die Griechen es gewahrten und verboten.“ Der genannte Harald war der spätere König von Norwegen Harald der Gestrenge, wohl die glänzendste Erscheinung der gesamten Wikingerzeit; er war nach Athen als Anführer der warägischen Leibwache der oströmischen Kaiser gekommen.

Von den Kämpfen um die Wikinger-Großfeste Haithabu berichten die vier schon erwähnten Runensteine, die bei der „Oldenburg“ gefunden worden sind.

Aus dem Feldzuge von 1864 brachte Prinz Friedrich Karl den Stein von Haverslund mit nach Berlin und ließ ihn vor dem Jagdschloß Dreilinden (am heutigen Bahnhof Wannsee) aufstellen. Das Denkmal trägt den Namen „Hairulfr“.

Abb. 42. Stein von Haverslund

Von einer kühnen *Entdeckungsfahrt* nordischer Seefahrer und ihrem Eistod 1333 zeugt ein Stein, der auf dem Eiland Kingigtorsoak vor der grönländischen Westküste unter 72° 58' entdeckt wurde.

Zeugnisse für den *germanischen Eigenglauben* enthalten der Glavendrup-Stein auf Fünen (um 920), auf dem steht: „Thor weihe diese Runen", und die große Nordendorfer Spange, die die Namen „Wodan" und „Donar" enthält. Die Inschrift von

Noleby: „Runen färbte ich, götterentstammte", bezieht sich vielleicht schon auf Odin, der nach der eddischen Überlieferung Meister der Runenkunst war. Der Stein von Snoldelev auf Seeland: „Gunnwalds Stein, des Sohnes Hroars, des Thuls auf Salhaugar" belegt die gottesdienstliche Einrichtung der Spruchredner (Thulir), die wir als die ältesten Pfleger und Hüter des frommen Wissensgutes bei den Nordleuten und Angelsachsen kennen.

In das Gebiet des *niederen Volksglaubens* weist die Inschrift auf dem Kragehuler Lanzenschaft, die schon erwähnt worden ist. Wenn auf einem der aus der Unterweser gebaggerten knöchernen Dolchgriffe das Wort „Hagal" steht, so sollte es jedenfalls die Waffe feien. Auf dem Steinchen von Valby stehen die Worte: „Wider Abgunst." Also dürfte der Gegenstand als Schutzding gedient haben, wie der Ring von Körlin und die über 400 bisher gefundenen goldenen und silbernen Anhänger-Münzen. Auch die „Siegsteine", die sog. „Alsengemmen" aus Glas sollten ihren Träger schirmen und ihm Sieg verleihen.

Abb. 43. Siegstein (Alsengemme)

Abb. 44. Löwe vom Piräus

Zahlreiche Gedächtnissteine gewähren Einblicke in das *Gemütsleben* der germanischen Männer und Frauen sowie in das innige Verhältnis der Ehegatten untereinander und der Eltern und Kinder zueinander. So heißt es auf dem schon genannten Glavendrup-Stein: „Ragnhild setzte diesen Stein für Ale

Solvagode, ihren Mann, einen tüchtigen Krieger. Ales Söhne machten diesen Grabhügel für ihren Vater und seine Frau für ihren Mann, aber Sote ritzte die Runen für seinen Herrn."
Einen Beleg für germanische *Sportfreude* bildet ein Runenstein bei Uppsala mit einer Darstellung einer Elchjagd zu Roß und auf Schneeschuhen.

Endlich lehren die Runendenkmäler mancherlei über die *Rechtsanschauungen* ihrer Zeit. So bezeugt ein Jüte seinem Stiefvater seinen Dank dafür, daß er ihm den Erbhof „gegönnt" hat. Ein erschütterndes Zeugnis für die Mahnung eines greisen Vaters an seinen spätgeborenen Sohn, ja nicht die Blutrache für seinen erschlagenen Bruder zu vergessen, stellt der Stein von Rök dar.

SCHLUSS

Der Gang der Runenforschung gleicht einem Kehrenweg im Gebirge, auf dem der Aufsteigende von Zeit zu Zeit immer wieder auf die gleichen Ausschnitte der Gegend blickt, aber jedesmal von höherem Standpunkte aus. Je höher sich die Runenwissenschaft erhoben hat und je weiter ihr Ausblick geworden ist, desto klarer ist in Erscheinung getreten, wie recht Müllenhoff empfunden hat, als er einmal schrieb: „Von der *Macht der Schrift* hat nie ein Volk größer gedacht und sie höher gestellt als die Germanen."

NACHWORT

Runde Klammern bezeichnen Erklärungen, eckige Ergänzungen, das Tonzeichen ' über einem Selbstlauter drückt dessen Länge aus und der Bogen über zwei Buchstaben deutet an, daß sie einen einzelnen Laut darstellen sollen, für den unsere Rechtschreibung kein besonderes Zeichen hat.

Die Eddastellen sind gegeben teils nach der von Neckel neu besorgten Simrock-Übertragung der Edda, teils nach der Genzmer-Übersetzung in der Sammlung Thule.

Die einleitende Stelle aus Odins Runenlied und die Zweizeiler des Venantius sind vom Verfasser nachgedichtet.

Die Abrollung des Körliner Ringes ist den Monatsblättern der Gesellschaft für pommersche Geschichte und Altertumskunde vom März 1936 entnommen; sie ist vom Gymnasialzeichenlehrer i. R. F. Müller nach dem Urstück angefertigt worden.

Die Alsengemme ist Herman Wirth's „Die Heilige Urschrift" (Verlag Koehler und Amelang, Leipzig) entnommen.

Der Wittekindstein ist vom Oberschuldirektor Dr. P. G. Beyer aufgenommen worden.

Der Alphabetstein von Öster-Marie und die goldene Zahlenreihe von Baarse sind der Handausgabe von Ludwig Wimmers „Dänischen Runendenkmälern" entlehnt worden.

Die Bodenplatte des Braunschweiger Kästchens ist vom Museum aufgenommen worden.

Die Wanger Runen sind veröffentlicht in Erich Gebhardts Schrift: „Die Kirche von Wang".

„Die einheimischen Runendenkmäler des Festlandes", herausgegeben von Helmut Arntz und Hans Zeiß, bieten die neuesten Wiedergaben der betreffenden Denkmäler (Leipzig, 1937. 48.— RM.).

Die „Runeninschriften im älteren Futhark", herausgegeben von Wolfgang Krause (Halle a. d. S., 1937), bieten ebenfalls alle wissenschaftlichen Unterlagen.

Mehrfach ist die „Altisländische und Altnorwegische Grammatik" von Adolf Noreen (Halle a. d. S., 1923) benutzt worden.

ZUM RUNENSCHRIFTTUM

Das Runenschrifttum ist in vielen Sprachen und Ländern erschienen und daher weit verstreut. Viele wichtige Veröffentlichungen sind in Zeitschriften gedruckt worden und nicht immer leicht erreichbar. Deshalb hat Helmut Arntz 1938 in Leipzig eine „Bibliographie der Runenkunde" herausgegeben, die alle einschlägigen Arbeiten so weit wie irgend möglich zusammengetragen hat (26.— RM.).

Jahresübersichten über die Neuerscheinungen werden gebracht in den Zeitschriften Acta Philologica Scandinavica, Arkiv för nordisk Filologi, im „Jahresbericht der germanischen Philologie" und in der Monatsschrift „Germanien".

Die im neunzehnten Jahrhundert erschienenen Abhandlungen und Bücher sind natürlich in vielem überholt. Immerhin sind manche von ihnen auch heute noch anregend und förderlich zu lesen:

1. *Grimm*, Wilhelm Carl: Über deutsche Runen. 1821
2. *Liliencron* und *Müllenhoff*: Zur Runenlehre. 1852
3. *Wimmer*, Ludwig: Die Runenschrift. Deutsche Ausgabe durch Holthausen. 1881
4. *Henning*, Rudolf: Die deutschen Runendenkmäler. 1889
5. *Luft*, Wilhelm: Studien zu den ältesten germanischen Alphabeten. 1898

Von den im zwanzigsten Jahrhundert in deutscher Sprache veröffentlichten Aufsätzen und Büchern seien solche genannt, die nicht unbedingt fachwissenschaftliche Vorkenntnisse sprach- und runengelehrter Art voraussetzen:

1. *Agrell*, Sigurd: Zur Frage nach dem Ursprung der Runennamen. 1928
   — Die spätantike Alphabetmystik und die Runenreihe. 1932
   — Die Herkunft der Runenschrift. 1938
2. *Altheim*, F. und *Trautmann*, E.: Vom Ursprung der Runen. 1939
3. *Baeseke*, G.: Die Herkunft der Runen (in Germ.-Rom. Monatsschrift). 1934
4. *Brandl*, Alois: Altenglische Literatur. 1908
5. *Buttel-Reepen*, H. v.: Funde von Runen. 1930

6. *Dieckhoff*, Albrecht Diedrich: Einführung in die nordische Runenlehre. 1935
7. *Friesen*, Otto v.: Runenschrift (in Hoops' Reallexikon des germanischen Altertums). 1911
8. *Gering*, Hugo: Die germanische Runenschrift. 1902
9. *Güntert*, Hermann: Runen, Runenbrauch und Runeninschriften. 1934
10. *Hansen*, Walter: Haithabus Runensteine. 1931
11. *Harder*, Hermann: Das Braunschweiger Runenkästchen. 1935
    — Die Inschrift der großen Nordendorfer Spange. 1936
    — Die Formverschiebung der Runen (alle in Herrigs Archiv für das Studium der neueren Sprachen). 1938
12. *Hempel*, Heinrich: Der Ursprung der Runenschrift (in Germ.-Rom. Monatsschrift). 1935
13. *Krause*, Wolfgang: Wesen und Werden der Runen (Zeitschrift für Deutschkunde). 1937
14. *Leyen*, Friedrich von der: Die germanische Runenreihe und ihre Namen (Zeitschrift für Volkskunde). 1930
15. *Neckel*, Gustav: Zur Einführung in die Runenforschung (Germ.-Rom. Monatsschrift). 1909
    — Die Herkunft der Runenschrift (in Erstes Nordisches Thing, Bremen). 1933
    — Die Herkunft der Runen (in Forschungen und Fortschritte). 1933
    — Die Kultur der alten Germanen. 1934
    Als Festschrift zu Neckels 60. Geburtstag: Beiträge zur Runenkunde. 1938
16. *Reichardt*, Konstantin: Runenkunde. 1936
    — Schrift (in H. Schneiders Germanische Altertumskunde). 1938
17. *Schönaich-Carolath*, Isa v.: Runen-Denkmäler. 1924
18. *Sierke*, Sigurd: Kannten die vorchristlichen Germanen Runenzauber? 1939
19. *Homeyer*, C. G.: Die Haus- und Hofmarken. 1870
20. *Ruppel*, Otto: Die Hausmarke. 1939
21. *Krogmann*, Willi: Awi Leubwini (Archiv f. d. St. d. n. Spr.). 1938
22. *Herrmann*, Paul: Das altgermanische Priesterwesen. 1929
23. *Hofe*, Adolf: Zwei Runenstabkalender im Lübecker Dommuseum (Mitteilung des Vereins für Lübeckische Geschichte, 15. Heft). 1940
24. *Spruth*, Herbert: Pommerns heutige Hausmarken (Baltische Studien). 1939
25. *Beyer*, P. G.: Die Germania des Tacitus. Eine deutsche Übersetzung nach neuen Gesichtspunkten. 1933

VERZEICHNIS DER ABBILDUNGEN